新装版

梅干し 漬け物 保存食

大切に伝えたい、おいしい手作り

脇 雅世

主婦の友社

―はじめに―

保存食作りは、
私たちの忙しい日々に
季節のうつろいを教えてくれます

旬の食材を上手に加工し、長期に楽しむ。
これが保存食の醍醐味といえるでしょう。
食べ頃の食材は栄養価が高く、
たくさん出回るため値段も手頃です。
保存食作りには、食べ物を無駄にせずに
おいしくいただくという
先人の知恵がぎっしり詰まっています。

初版以来たくさんのかたにご支持いただいた
この本の改訂版を出すことになり、
内容をじっくり見直しました。

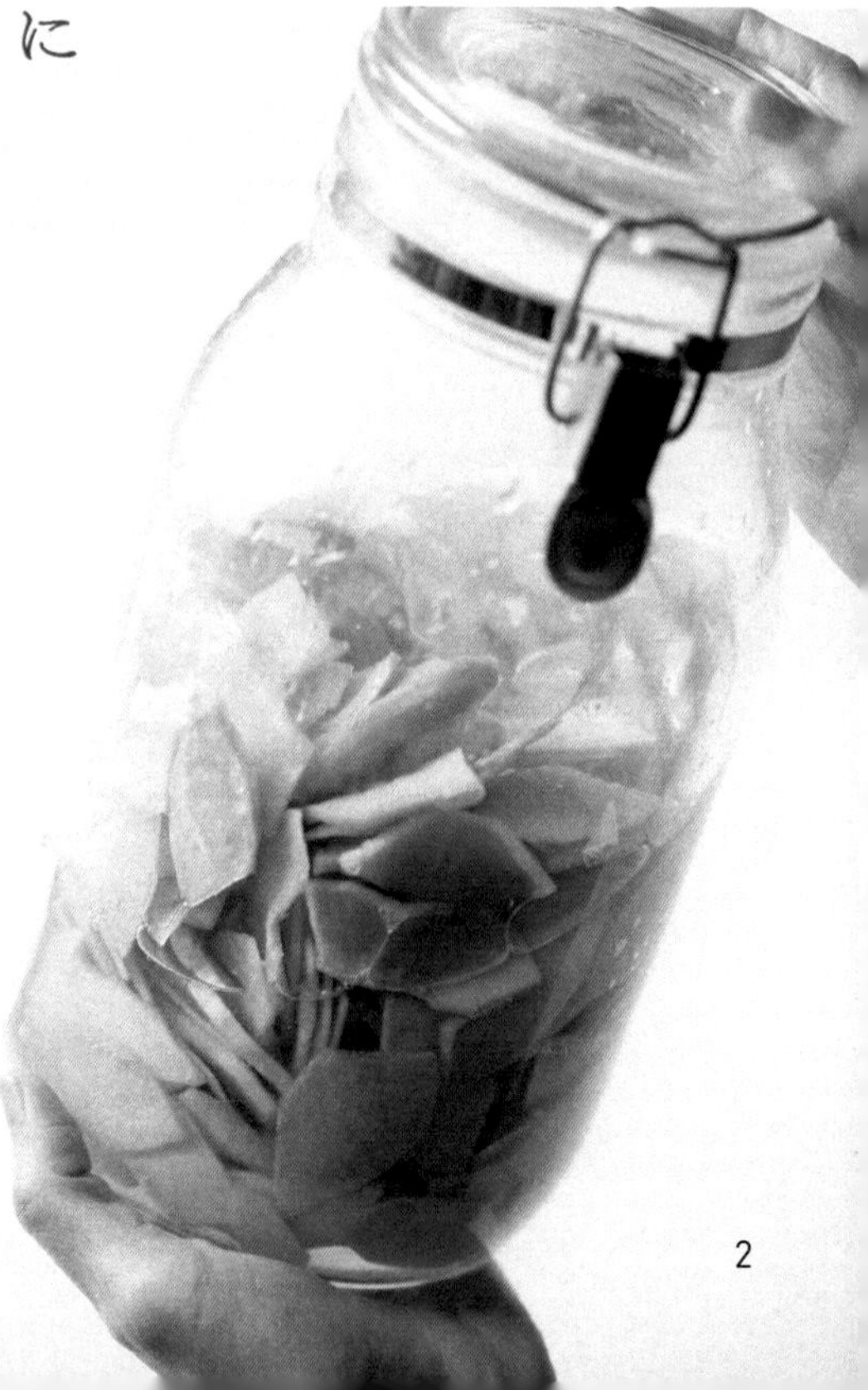

さらに使いやすくなるように、
作っていただきたい時期や手順の表記に
工夫を施しましたが、レシピにはわずかに手を加えただけ。
時代が変わった今でも普遍的なものなのだと、
あらためて実感いたしました。

早く、安く、おいしくの需要がある現代だからこそ、
時間をたっぷりかけて作り出す保存食には、
人の心に響くものがあります。
ひと手間かけた保存食が、
忙しい毎日の食卓に温もりを与えてくれます。
ここに書かれたレシピをもとに、
あなただけの保存食を作り上げていただけたなら、
幸甚の至りです。

脇　雅世

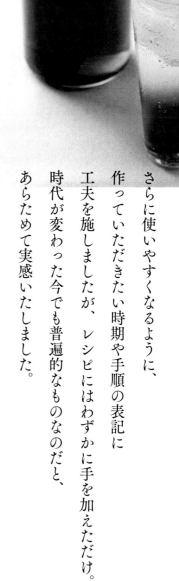

新装版

梅干し　漬け物　保存食

大切に伝えたい、おいしい手作り

CONTENTS

PART 4 おかずと常備菜

保存について

●保存食は基本的に、清潔な容器に保存してください。瓶などの保存容器は、たっぷりの熱湯を沸かしたなべに入れて、10～15分間煮たあと、清潔なふきんの上にふせて乾かします。ジャムなどは、同様に煮沸消毒した清潔な瓶に熱いうちに詰めてふたをし、上下を返して冷まし、脱気させます。p.106のコラム「道具と保存容器、手入れのこと」も参考にしてください。
●保存食を作るときは、いつもよりも入念に手洗いをしてから始めてください。
●保存容器から中身を出し入れするときは、清潔な箸やスプーンなどを使い、ふたはそのつどすぐに閉めるようにしてください。空気に触れる時間が長いと、劣化が早まる原因になります。
●冷凍保存したものは、自然解凍してから使ってください。
●本書に記載している食べ頃や保存期間は目安です。保存環境や季節によって違いが出てきますので、あくまでも参考と考え、様子をみながら判断してください。

この本の決まりごと

●材料は作りやすい分量で表示しています。
●調味料などをはかる計量スプーンとカップは、大さじ1＝15mℓ、小さじ1＝5mℓ、1カップ＝200mℓが基準です（ただし、米をはかるカップは炊飯器専用の180mℓのもの）。
●電子レンジの加熱時間は、500Wの場合の目安です。600Wなら時間を0.8倍にしてください。ただし、機種によって加熱時間は多少異なります。
●野菜類の皮をむく、きのこの石づきをとるなどの作業はすませています。
●だしは市販の和風のだしのもとを使うか、削り節、昆布、煮干しでとっただしを好みで使用してください。
●梅仕事や果実酒などに使う焼酎は35度以上の甲類を使用してください。

PART

1

定番・人気の漬け物

おばあちゃんが漬けてくれたあの味をもう一度。
みんなが知りたい梅干し・らっきょうから
ピクルスまでを丁寧に紹介します。

いつ作る？	6〜7月
食べ頃	土用干しを終えてから半年後
保存方法	保存容器に入れ、涼しい場所で
保存期間	何年でも

ほどよい塩かげんと、きりっとした酸味

梅干し

土用干しは、梅雨が明けて
〝せみが鳴きだしたら〟といわれています

完熟梅が出回る6月中旬頃から7月下旬頃までが梅仕事の季節。赤じその時季や天気の続く日を待ちながら作業を進めていくこの1カ月は、そわそわしながらもわくわくする日々が続きます。自家製の梅干しの味は格別。それを使ったまぜごはんやおかずも絶品です。

梅干し作りのハイライトともいえるのが土用干し。日光や自然の風に当てることで、実をふっくらとさせ、保存性を高める効果があります。

梅仕事の段取り

6月中旬 **梅を塩漬けにする**

↓ 2〜3週間

6月下旬 **赤じそを準備して本漬けにする**

↓ 梅雨明けを待つ

晴天の日 **土用干しをする**

↓ 2日間日光にさらし、3日目はさらに夜露にさらす

完成

3

竹串の先を使って、ほかの部分を傷つけないよう、なり口（へたの黒い部分）を除く。

4

大きなボウルに梅を入れ、霧吹きで焼酎を全体に吹きかける。ときどきボウルを小刻みに揺すって上下を返し、梅全体にまんべんなく行き渡るようにする。

5

漬け物容器は、洗って熱湯を回しかけ、乾かす。霧吹きで焼酎を内側に吹きかける。まず、底に軽くひと握りの塩を敷く。

6

梅をすき間のないよう周りから並べ、塩ひと握り（梅の表面が白くなるくらい）を振る。これを繰り返して積んでいくが、塩は下に落ちるので、塩の量は下は少なめ、上は多めに。

7

梅を並べ終わったら、残りの塩を振る。

※「白干し」する場合は次の赤じその準備の工程をとばして土用干し（p.11）へ。

8

梅の重量の倍の重しをのせて2〜3週間おく。重しはきれいに洗って乾かしたものに焼酎を吹きかけてからのせ、容器を新聞紙などで覆ってひもでしばり、日の当たらない涼しい場所におく。ときどき様子を見て、水分（白梅酢）が梅にかぶるくらいまで出たら、重しを梅と同じ重さに減らし、赤じそが出回るのを待つ。

Q 梅酢が上がらなかったら？

塩漬けして3〜4日すると上がってくるが、梅がかたいと1週間たっても上がらないことも。その場合は重しを重くしてみて。完熟梅を使ったのに上がらない場合は、全体を振ってまぜ、塩をよくからめる。

材料（梅3kg分）

黄梅…3kg
あら塩…450g（梅の重量の15％）
焼酎（またはホワイトリカー）…適量
赤じそ…300g（正味225g）
あら塩…45g（赤じその正味の20％）

必要な道具

・容器（酸に強い陶器、ほうろう、ガラスのもの）　・重し（陶器、ポリエチレン製、石、れんがやペットボトルでも）　・平らなざる　・霧吹き

材料について

種が小さめで果肉部分が多い南高梅がおすすめ。大粒で、カビの原因になる傷のないものを選んで。まだ青くてかたい場合は、ざるに広げて直射日光の当たらない風通しのよい場所に2日ほどおき、追熟させるとよい。塩は梅にからみやすく、浸透しやすいあら塩を。

赤じそは葉の縮れたちりめんじそが最適で、通常、6月末から7月上旬に出回る。手に入らなければ、赤じそを入れずに作る「白干し」という方法も。

梅の塩漬け

6月上旬頃から出回る完熟梅を塩漬けにして、梅酢を上げます。

1

黄梅は、水を張ったボウルの中で傷つけないよう注意して洗う。傷んだものは除く。ボウルにためた水に2〜3時間ひたす。アクが抜け、実離れもよくなる。

2

梅をざるに上げて水をきり、一つ一つ丁寧に水分をふく。

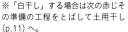

赤じそを入れる

**白梅酢の取り分けを行ってから、赤じそを加えます。
しその葉を上にのせることで防カビ効果も。**

1

写真はp.9の作り方**8**から2〜3週間後、白梅酢が上がった状態。これに、準備した赤じそを加える。

2

白梅酢は料理に使えるので、少しとり分けて、清潔な瓶に保存しておく。赤じその色が薄まらず、より濃い赤になる効果も。容器に入った梅には、白梅酢がひたひたにかぶるくらいまで残しておくこと。

3

梅の上に、塩もみした赤じそをかぶせるように、すき間なくのせる（p.15の「紅しょうが」を作る場合は、梅の上にしょうがを並べてから、同様に赤じそをのせる）。ガラスや陶器などの落としぶたをしてから、重しをのせる。重しは、梅が赤梅酢から出ない程度にし、新聞紙や包装紙などで覆ってひもでしばり、日の当たらない涼しい場所におき、梅雨明けを待つ。

Q カビが生えてしまったら？

白梅酢が上がれば基本的にカビの心配はないが、もし生えてしまったら、カビを散らさないよう、ステンレス製のスプーンなどで静かに除き、梅と容器の内側に焼酎を吹きかける。梅にカビがついていたら、ボウルに入れた焼酎で振り洗いしてふきんでふく。

赤じその準備

**赤じそが出回る6月下旬頃の作業です。
梅干しに、あざやかな赤い色と香りを加えて。**

1

赤じそは葉を摘み、傷んだり枯れたりした葉は除く。この状態で重さをはかり、塩の分量を決める。ボウルで水をかえながらざっと洗い、ざるに上げて水けをふく。

2

大きなボウルに赤じそを入れ、塩の量の1/3強を振り入れる。まぶすように上下を返してまぜたら、ごしごし洗うようによくもむ。

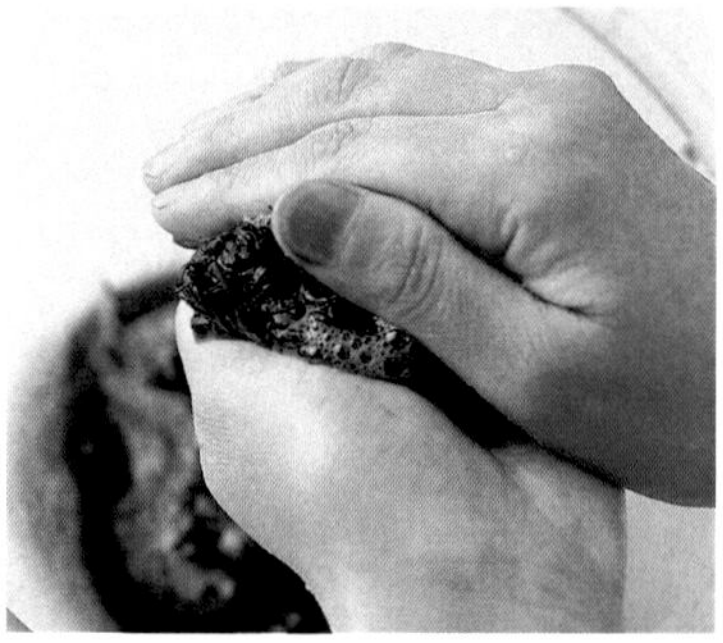

3

しんなりして汁が出たら、一度ぎゅっとかたくしぼり、汁を捨てる。塩の量の1/3強を入れ、同様によくもんでしぼる。残りの塩でもんでしぼり、計3回の塩もみを行う。

\ POINT /

梅酢の上がる時期と合わない場合は？

すぐに梅に入れる場合は省いてもよいが、赤じそを準備する時期と梅酢の上がり具合のタイミングが合わない場合は、**3**を梅酢に漬けて保存を。梅酢は市販のもの、または漬けている途中のものから少しとって。去年のものがあればそれを使う。

土用干し

梅雨が明けた、晴天の日を見はからって作業します。「白干し」する場合も同様に干します。

1 3日間、梅を干す。大きなざるなどを用意して汁けをきりながら、間隔をあけて並べていく。朝、日が当たる時間帯から外に出して干し始める。赤じそも汁けをしぼり、ざるに広げて並べる。梅酢も一緒に日に当てる。

2 ざるの下部があく場所に干すか、ざるの下にバットを敷くなどし、風通しをよくして屋外に干す。できれば途中、昼頃に上下を返し、夕方をめどに梅酢の中に戻し入れる。2日目も同様に干す。3日目は昼夜干し続けて夜露にさらしてしっとりさせてから翌朝にとり込む（干し上がりの目安は、元の梅の50〜60％の重さになったら）。梅の色をより赤くするため、梅酢に一度くぐらせてから保存容器に入れる。

Q 外に干せない場合は？

外気の汚れが気になるときや、日中留守にするときなどは、ガラス越しに日の当たる室内に干してもよい。

Q 梅干しの保存は？

日の当たらない涼しい場所におき、塩がなじんだ半年後くらいからが食べ頃。余った赤梅酢は別の保存瓶などに移して調理などに使うとよい（p.14-15参照）。

はちみつ梅

酸味と甘みが特徴。子どもも食べやすい味

塩漬けをするところまでは梅干しと同じなので、梅を多めに塩漬けし、とり分けて作るのが簡単です。これだけを作る場合は、黄梅1kgに対して塩150gの割合で塩漬けを。塩抜きのかげんは好みですが、ほんのり塩味が残るくらいがおすすめ。

この味も
おすすめ

材料(作りやすい分量)

黄梅… 1kg
あら塩… 150g
焼酎…適量
はちみつ… 200g

必要な道具

保存瓶

1

p.9を参照して、黄梅の塩漬けをする。または、梅干しを作る際に、その一部をはちみつ梅に使う。塩漬けした梅をとり出し、たっぷりの水にさらし、ときどき水をかえながら一晩おいて、好みのかげんに塩抜きする。ざるに上げて水けをよくきり、水分をよくふく。

2

きれいに洗って乾かした保存瓶に梅を入れ、はちみつを注ぐ。日の当たらない涼しい場所または冷蔵室におき、ときどき瓶を振って全体になじませる。1カ月後に味がなじむ。

いつ作る?	6〜7月
食べ頃	漬けてから1カ月後
保存方法	保存容器に入れ、日の当たらない涼しい場所か冷蔵室で
保存期間	3カ月

梅干しを使って

自家製梅干しのおいしさを、思う存分満喫できるレシピです。

青じその香りでごはんが進みます。おにぎりにしても

梅ちぎりごはん

材料(2人分)

梅干し…2個
ごはん…2杯
青じそ…4枚

作り方

1 梅干しは種を除いてちぎる。青じそは軸を除き、ごく細いせん切りにし、ふきんで包んで水で洗う。

2 温かいごはんに梅干しと水けをしぼった青じそを入れ、ごはん粒をつぶさないように注意しながらよくまぜる。

梅干しの酸味と香りが煮魚を引き立てる

いわしの梅干し煮

材料(2人分)

梅干し…2個
いわし…8尾
酒…¼カップ
しょうゆ…大さじ2
みりん…¼カップ
しょうが…1かけ

作り方

1 いわしは頭を切り落として内臓を除き、流水でよく洗う。しょうがは皮をむき（むいた皮はとっておく)、せん切りにする。

2 鍋に酒、しょうゆ、水¼カップ、しょうがの皮を入れて火にかけ、煮立ったらいわしを並べ入れ、あいたところに梅干しを入れる。落としぶたをして強火で7〜8分煮る。

3 みりんを加えて2分ほど煮る。器に盛り、梅干しはちぎって散らし、しょうがのせん切りをのせる。

梅酢で作る、一緒に漬ける

梅干し作りと楽しむ漬け物

梅干しを作ると、白や赤の梅酢がたくさんできるので、これを利用して漬け物を作ります。梅酢には疲労回復や食欲増進、整腸作用などの効果も。紅しょうがは梅干し作りの際に、梅と一緒に漬け込みます。

しば漬け

赤梅酢を使って家庭で作りやすいようにアレンジ

いつ作る?	通年(おすすめは初夏)
食べ頃	漬けてから2日後
保存方法	保存容器に入れて冷蔵室で
保存期間	1週間

京都のおみやげとして人気の漬け物です。本来は野菜と赤じそを塩漬けして約1カ月おき、乳酸発酵させたものですが、家庭なら、保存してある赤梅酢と赤じそを使うと比較的手軽にできます。

材料(作りやすい分量)

きゅうり2本、なす3個、みょうが5個、
新しょうが1かけなどを合わせて…500g
あら塩…24g(野菜と水の4%)
赤梅酢…1/4カップ
赤じそ…1/3束
みりん…大さじ2

必要な道具

バネつき漬け物容器

1 野菜はすべて食べやすい大きさに切る。漬け物容器に入れ、塩と水1/2カップを加えてよくまぜ、重しをして、冷蔵室で1日漬ける。

2 赤じそは葉を摘んで、水をためたボウルの中で洗い、水けをよくふく。赤じそ(正味)の20%の量の塩(分量外)を3回に分けて加え、そのつどよくもみ、水けをしぼる。

3 1の野菜をざるに上げて水けを軽くしぼる。漬け物容器に戻し入れ、赤じそをほぐしてのせ、赤梅酢、みりんを加える。重しをして、冷蔵室で2日漬ける。

4 全体に赤じその紫色が回ったら漬け上がり。重しをして、冷蔵室で保存する。

ピンクのかわいいお漬け物

大根のさくら漬け

薄切りにした大根を塩もみし、赤梅酢であえて味がなじめばでき上がり。漬け物というより、サラダや酢の物感覚で作れて、すぐに食べられます。お弁当にもぴったり。

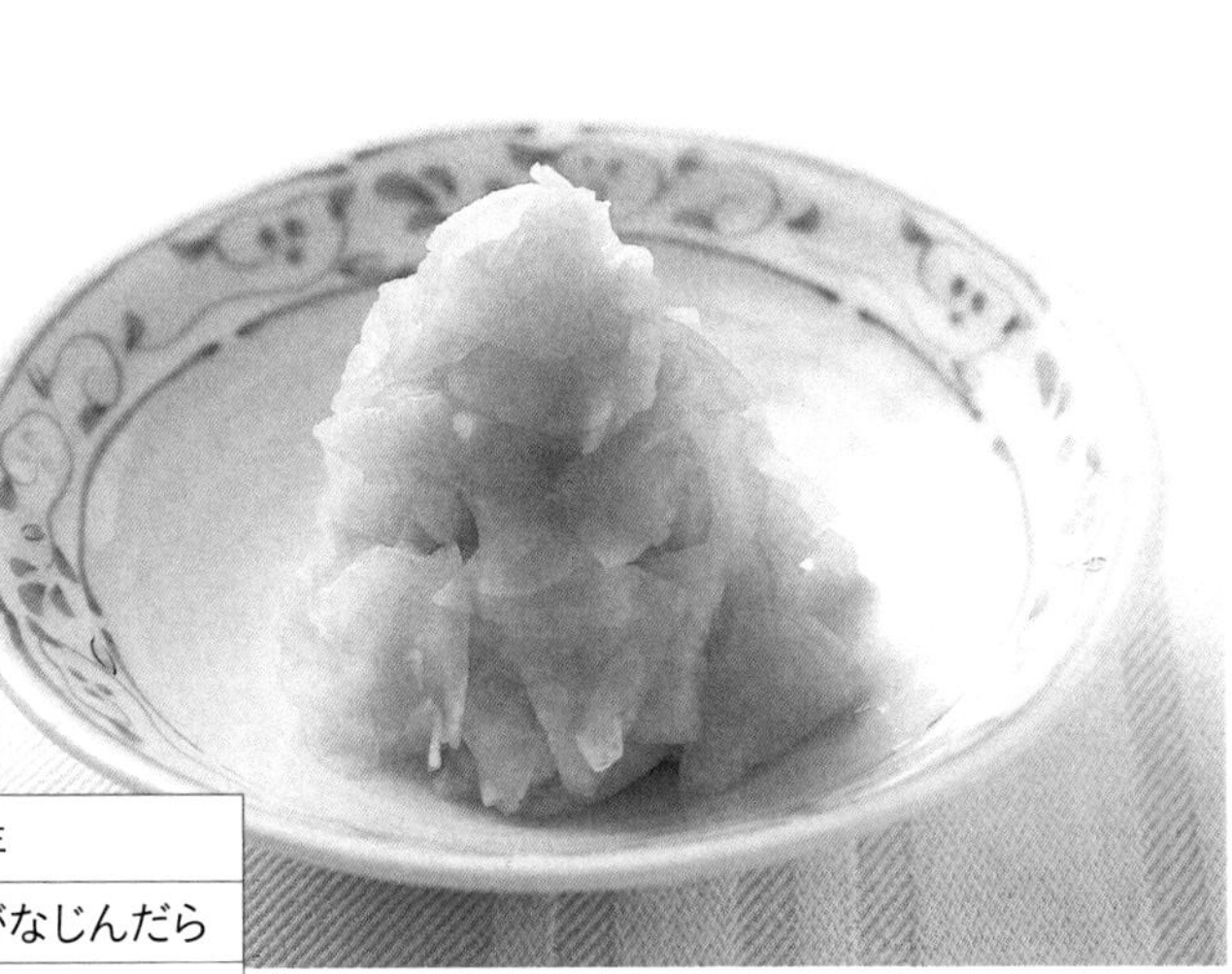

いつ作る？	通年
食べ頃	味がなじんだら
保存方法	保存容器に入れて冷蔵室で
保存期間	3〜4日

材料（作りやすい分量）

大根…150g
赤梅酢…大さじ2
塩…小さじ⅓

1
大根は四つ〜六つ割りにして薄切りにし、塩でもんでからさっと洗い、水けをよくしぼる。赤梅酢をかけてあえる。

梅干しを作る途中に一緒に入れて漬けるだけ

紅しょうが

白梅酢が上がった梅に塩でもんだ赤じそを加えるとき、新しょうがを一緒に加えます。梅干しと同様、あざやかな赤紫の紅しょうがは、手作りならではのおいしさ。

いつ作る？	6月下旬（p.10の赤じその準備の2〜3日前）
食べ頃	漬けてから1〜2週間後
保存方法	保存容器に入れて冷蔵室で
保存期間	1年

材料（作りやすい分量）

新しょうが…500g
あら塩…60g（しょうがと水の4％）

必要な道具

バネつき漬け物容器

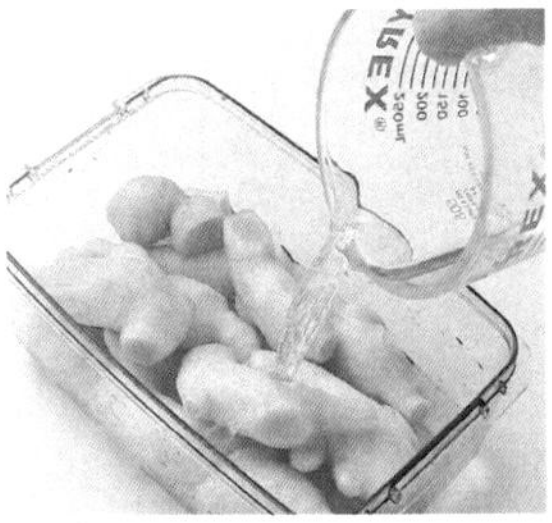

1
新しょうがはきれいに洗って容器に入れ、水1ℓと塩をよくまぜて注ぎ入れる。

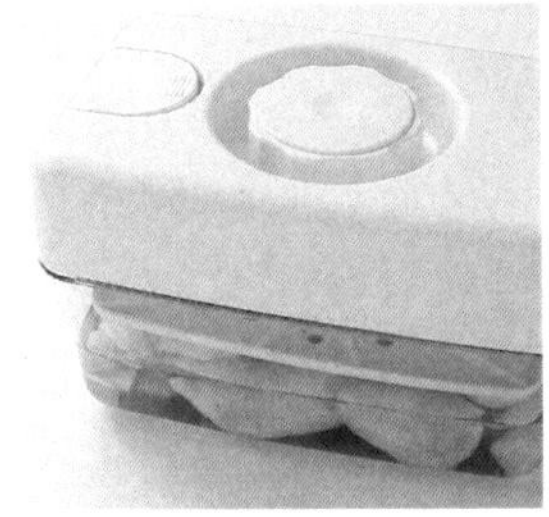

2
軽く重しをして2日ほど漬ける。ざるに上げて、半日ほどそのまま水けをきる。

3
赤じそを入れた梅干しの中に漬ける。約1週間後から食べられる。土用干しの頃に梅と同じように1日だけ干し、赤梅酢にくぐらせてから、きれいな保存容器に移す。

カリカリ小梅漬け

手がかからないので、漬け物初心者にはぴったり

いつ作る?	5月中旬〜下旬
食べ頃	漬けてから1週間後
保存方法	保存容器に入れて冷蔵室で
保存期間	1年

材料（梅1kg分）

青梅（小ぶりのもの）… 1kg
あら塩… 100g（梅の10％）
焼酎（またはホワイトリカー）
…1/4カップ
卵の殻… 1個分

必要な道具

漬け物容器（陶器、ほうろう、ガラスのもの）

カリカリに漬ける最大のコツは青梅の選び方にあります。できるだけ未熟（青い）で、締まっている小ぶりなものが最適です。少しでも黄色がかっていると歯ごたえのない食感に。また、卵の殻を加えるとカルシウムの働きでカリカリに漬け上がる効果が。少量から気軽に漬けられるのも魅力です。5月下旬の青梅の出回り時期を逃さないように気をつけて。

赤じそを使って、写真奥のように赤く仕上げることもできます。

材料について

小ぶりの青梅は出回る時期が短いので、できればお店に予約を入れて、新鮮なものを手に入れて。塩は、梅にからみやすいあら塩を。

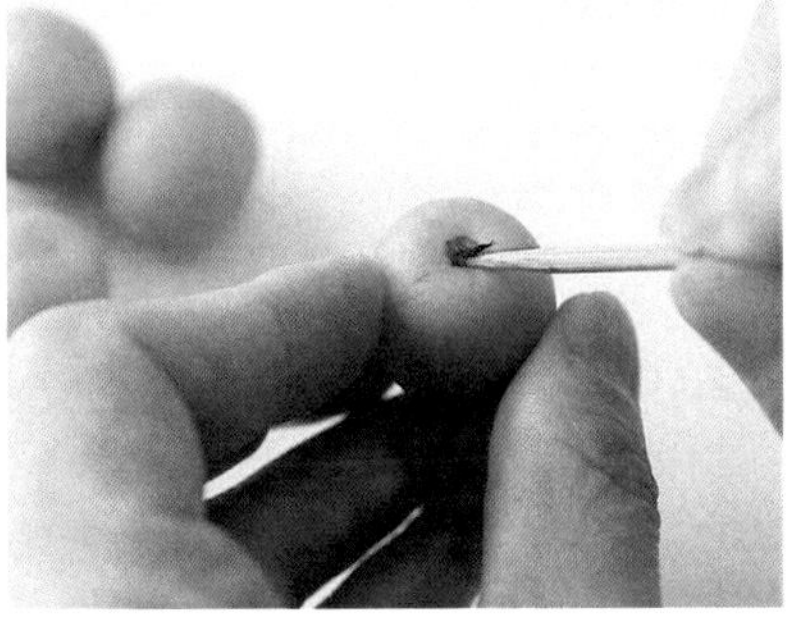

1

青梅は、水を張ったボウルの中で傷つけないよう注意して洗い、傷んだものは除く。ざるに上げ、一つ一つ丁寧に水けをふいて、竹串の先を使ってなり口を除く。

2

大きなボウルに梅を入れ、焼酎を加える。小刻みにボウルを揺すって上下を返し、全体に行き渡るようにする。

3

塩を加え、さらにボウルを揺すって上下を返し、梅全体に塩が行き渡るようにする。

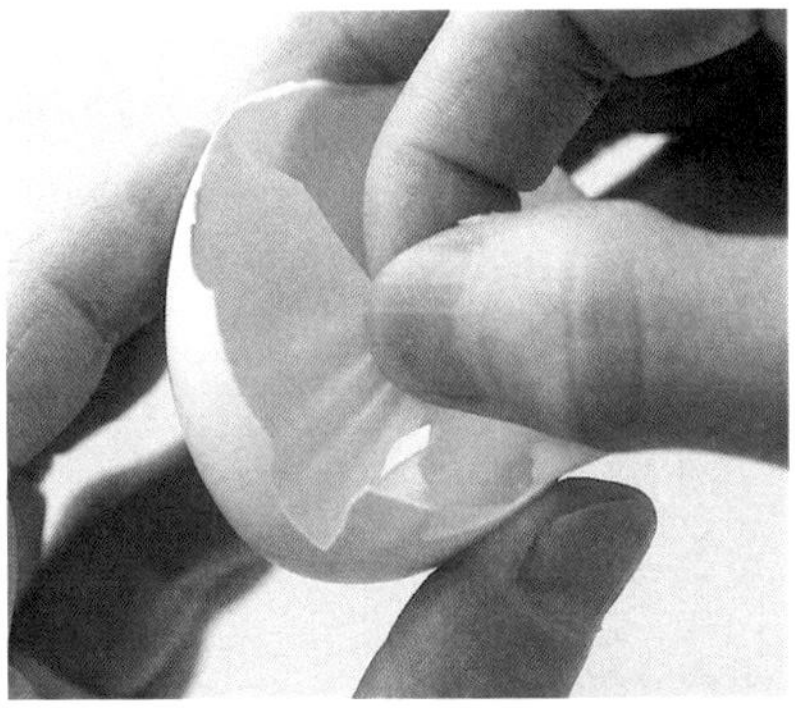

4

卵の殻はよく洗って内側の薄い膜をはがし、つぶしてガーゼで包む。口はしっかりしばる。

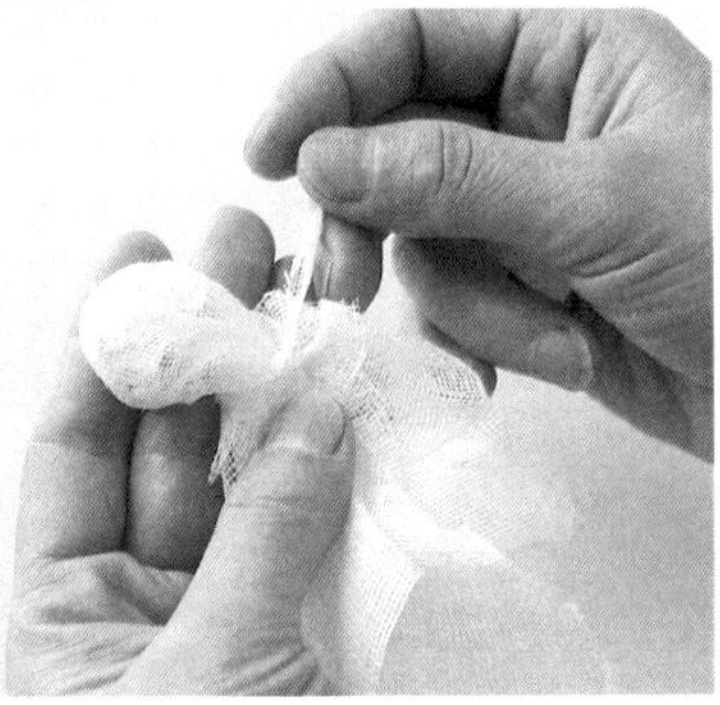

5

漬け物容器は、洗って熱湯を回しかけて乾かしたものを用意し、霧吹きで焼酎（分量外）を内側に吹きかける。**3**の梅を入れ、卵の殻をのせて漬ける。梅と同量の重しをして日の当たらない涼しい場所におき、1日に1〜2回底から返す。4〜5日して梅の色があせてきたら冷蔵室に入れ、1週間ほどで食べられる。

Q 赤いカリカリ小梅を作るには

上記の作り方**1**〜**5**と同様に青梅を漬ける。赤じそが出回ったら、青梅1kgに対して赤じその葉100g（正味）を用意する。赤じその20％の塩でよくもみ、出たアクはしぼって捨てる。これを白梅酢適量でほぐして（p.10参照）、青梅漬けに加える。

梅酒

初夏の香りいっぱいの、代表的果実酒

梅酒は季節の保存食や果実酒作りの入門編として最適。でき上がったら、ストレートやロックにしたり、水や炭酸水でわったりしてもおいしく飲めます。初夏に漬けた梅酒をお湯わりにして冬に楽しむのは、手作りならではの醍醐味《だいごみ》です。

材料(作りやすい分量)

青梅…1kg
氷砂糖…300〜500g
焼酎(またはホワイトリカー)
…1.8ℓ

必要な道具

果実酒用の保存瓶

材料について

青梅は実がかたく、粒の大きいものを選んで。砂糖は、ゆっくりとけて味がすっきり仕上がる氷砂糖が◎。お酒は度数の高い蒸留酒の焼酎やウイスキーで作れます。ホワイトリカーは無味無臭なので、果実の風味が生きてきます。

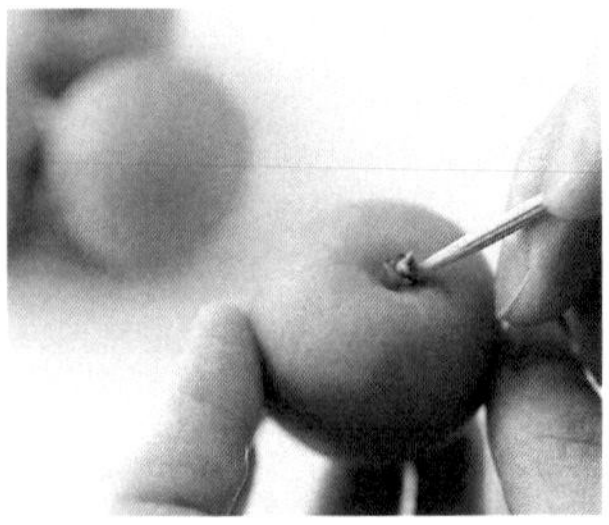

1
青梅はボウルにためた水でさっと洗い、きれいなふきんで水けをよくふく。竹串か爪楊枝を使って、なり口を除く。

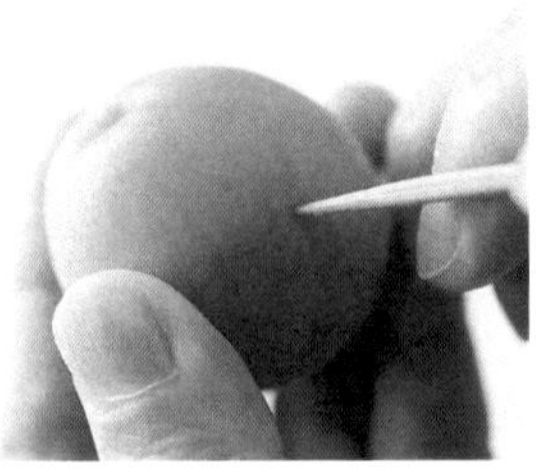

2
梅のエキスが早くよく出るように、竹串か爪楊枝で皮を何カ所か突く。

3
保存瓶に梅と氷砂糖を交互に入れ、焼酎を静かに注ぎ入れる。

4
ふたをして、日の当たらない涼しい場所におく。半年たった頃から飲めますが、おすすめは1年後。この頃に梅酒だけをこして保存したほうが濁らない。とり出した梅は種を除いて煮て、梅ジャムにしても。

いつ作る?	5〜6月
食べ頃	漬けて半年後から
保存方法	日の当たらない涼しい場所で
保存期間	何年でも

梅酒を使って

飲み頃の冬にぜひ

梅の香りと甘ずっぱさで温まる

ホット梅酒

作り方

耐熱のグラスに、梅酒と熱湯を1対3の割合で入れる。あくまでも目安なので、割合は好みで。

砂糖に梅を漬けるだけ。子どもにも人気

梅シロップ

梅のエキスと水分が砂糖をゆっくりととかし、香りのよいシロップになります。水や炭酸でわって飲むほか、かき氷のシロップやお菓子作りに使ったりと重宝します。

材料(作りやすい分量)

青梅…1kg
グラニュー糖…1kg
米酢…1/4カップ

必要な道具

果実酒用の保存瓶

材料について

梅は梅酒と同様。砂糖は上白糖よりすっきり仕上がるグラニュー糖を。呼び水に酢を使うとカビにくい効果が。

いつ作る?	5〜6月
食べ頃	漬けて1〜2カ月後 (砂糖がとけたら)
保存方法	日の当たらない涼しい場所で
保存期間	2年

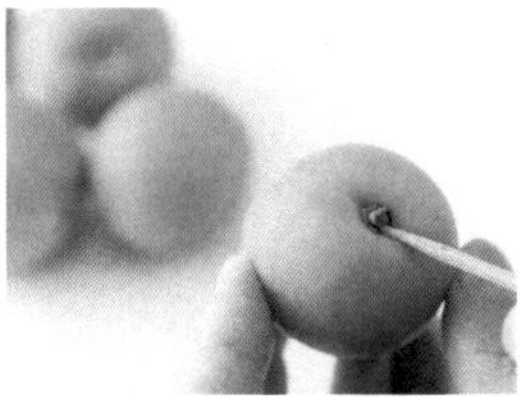

1
青梅はボウルにためた水で洗い、水けをよくふく。なり口を竹串の先を使って除く。

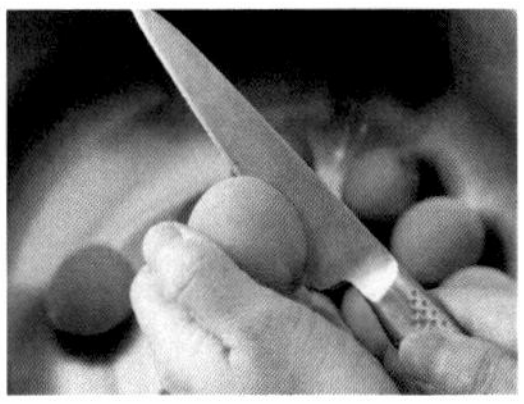

2
エキスが出やすいよう、種に当たるくらいまで包丁で切り込みを入れる。

3
保存瓶にグラニュー糖を2cm高さまで入れて梅を数個入れる。あとは交互に入れて、いっぱいまで詰め、酢を加える。

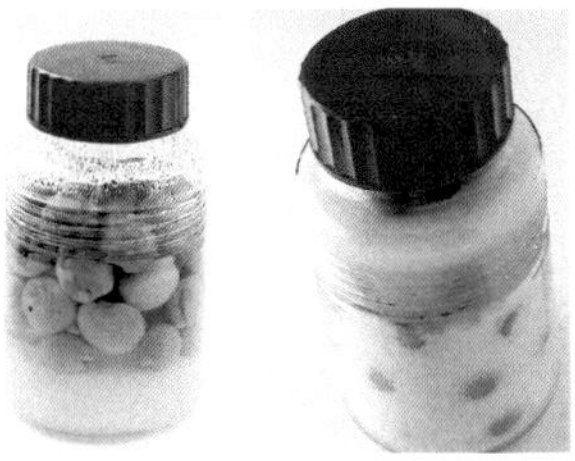

4
ふたをして、日の当たらない涼しい場所におき、途中でときどき瓶を振って砂糖をとかす。1〜2カ月後、砂糖がとけたらでき上がり。

※写真右は詰めた直後、左は1週間後。

Q 梅をすぐに漬けられないときは?

シロップに使う梅の実は、冷凍したものを使っても作れます。**1**の工程をすませたら、保存袋に入れて冷凍室へ。冷凍する場合は梅の組織が壊れやすくなり、エキスが出やすいため、**2**の作業は不要、凍ったまま**3**の作業へ。

梅シロップを使って

おやつにも活躍

夏向きの和風デザート

白玉梅シロップ

材料(2人分)

白玉粉…60g
梅シロップ…大さじ2

作り方

1 ボウルに白玉粉を入れ、水大さじ4を少しずつ加えながらよくねりまぜ、耳たぶほどのかたさの生地にする。
2 直径約2cmの平らな円形にしてまん中をくぼませ、たっぷりの熱湯でゆでる。沈んだ白玉が浮かんできたら、冷水にとる。
3 水けをきって器に盛り、氷をのせて梅シロップをかける。

らっきょう漬け

甘ずっぱい昔ながらの味わい

らっきょうが出回るのは5月中旬〜6月のわずかな期間。泥つきのものほど鮮度がよいです。ひげ根の部分に土が残らないよう気をつければ大丈夫。ポイントは表面が白くきれいな状態になるまで皮をむくこと。人気の甘酢味は、塩漬けしたあとに味を入れていきますが、水にひたして塩抜きし、そのまま食べるのもおいしいものです。

いつ作る?	5〜6月
食べ頃	甘酢に漬けてから1カ月後
保存方法	日の当たらない 涼しい場所か冷蔵室で
保存期間	1年

材料(作りやすい分量)

らっきょう… 1kg
あら塩… 100g(むいたらっきょうと水を合わせた重量の10％)
赤唐辛子… 2本
A 酢… 400mℓ
　砂糖… 200g
　赤唐辛子… 2本

必要な道具

保存瓶

材料について

らっきょうは、実がかたく締まり傷のないものを。ほうっておくとすぐに芽が伸びるので、買ったらすぐに作業することが大切です。塩はらっきょうにからみやすいあら塩、酢は米酢や穀物酢を。

下ごしらえと塩漬け

らっきょうを洗い、
皮むきから塩漬けまでを一気に行います。

1

ボウルにためた水にらっきょうを入れ、底から返しながら表面の汚れを落とすようにして洗う。

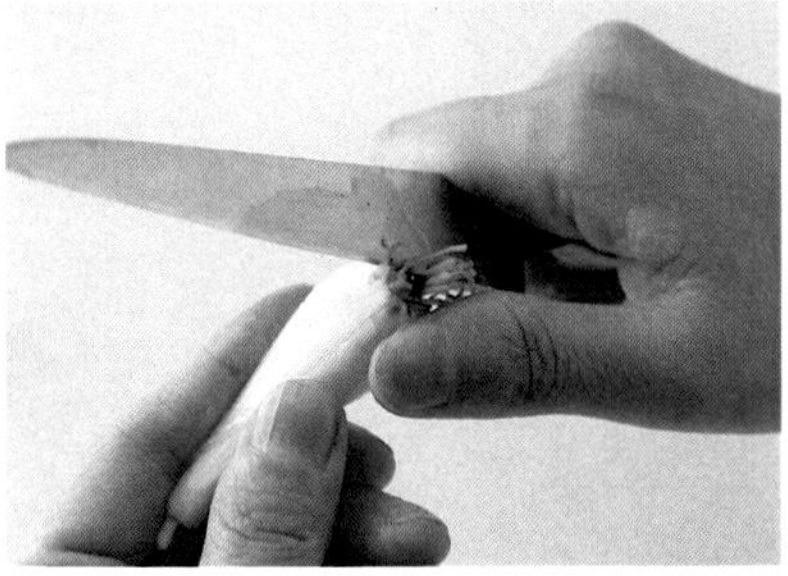

2

キッチンペーパーなどで水けをよくふく。包丁で根元を切り落とす。

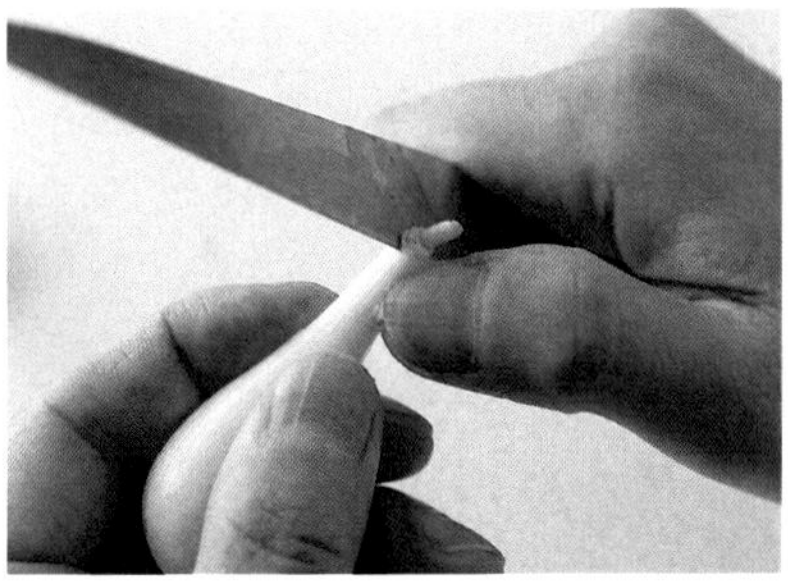

3

先端に出た芽の部分も切り落とす（切りすぎないように）。

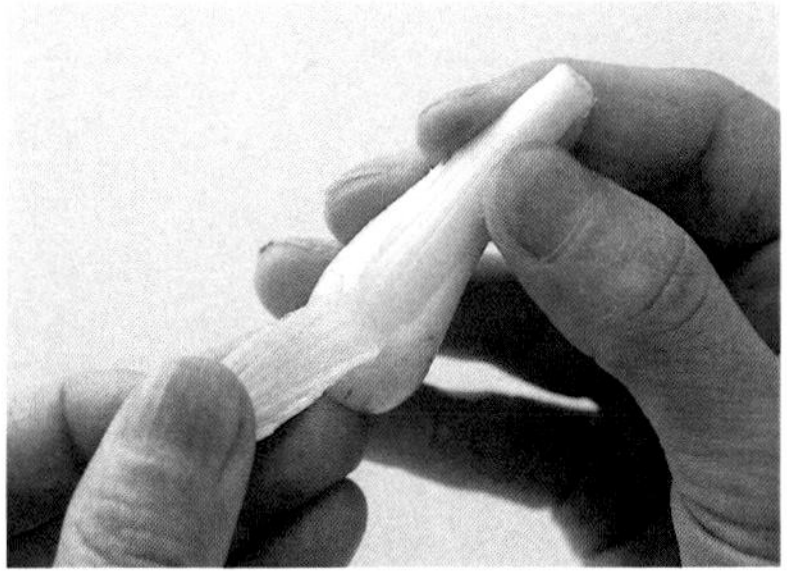

4

皮をむく。薄皮をむき、傷や黄色く変色した部分があれば、白くきれいな状態になるまでむく。傷がついたものが入っていると、腐ったりカビの原因になったりする。

写真右がよい例。左のように黄色く変色しているものは、そこだけ除くのではなく、ひと皮むいてしまうこと。

5

らっきょうをボウルに入れて塩を振り、均一に行き渡るように、ボウルを振って上下を返す。

6

保存瓶に入れ、赤唐辛子、水150㎖を加えてふたをする。塩水が行き渡るように瓶を数回振る。日の当たらない涼しい場所または冷蔵室に1～2週間おく。3日に一度は瓶をよく振り、塩水を全体に回す。密閉性の高い瓶は1日1～2回ふたをあけて、ガス抜きを。

約２週間後

↓

7

塩漬けの完成。食べる分だけ水にさらして好みの塩かげんに塩抜きすれば、らっきょうの塩漬けとして1年は楽しめる。甘酢漬けはp.22へ。

甘酢に漬ける

1〜2週間塩漬けしたものを使います。漬ける前に食べてみて、塩けが強いようなら塩抜きを。

1
Aを合わせて甘酢を作る。鍋に酢と砂糖を入れて火にかけ、砂糖がとけたら火を止める。あら熱がとれたら赤唐辛子を加える。**7**のらっきょうはざるにあけ、塩水は捨てる。キッチンペーパーで水けを押さえるようにしてよくふく。塩けが強ければ、水に半日〜1日つけて塩抜きする。

2
水けをふいたらっきょうを保存瓶に入れ、**1**の甘酢を注ぐ。ふたをして瓶を数回振る。日の当たらない涼しい場所または冷蔵室に2週間ほど漬ける。味がなじんだ1カ月後以降がおいしい。

↓ **約2週間後**

はちみつらっきょう

塩漬けをはちみつに漬けて

塩漬けしたらっきょうを好みのかげんに塩抜きし、はちみつベースの甘酢に漬け込みます。甘酢らっきょうより、酸味も甘みもまろやか。時間とともに濃厚な味に。

材料(作りやすい分量)

らっきょうの塩漬け
(p.20〜21参照)
…500g
はちみつ…150g
砂糖…50g
酢…1カップ

必要な道具

保存瓶

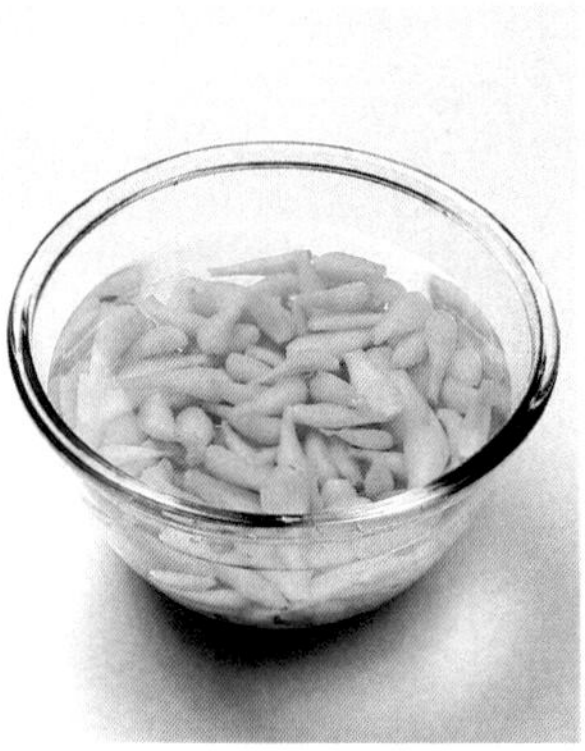

1 らっきょうの塩漬けはボウルにためた水に半日から一晩つけて好みのかげんに塩抜きする。ざるに上げ、キッチンペーパーで水けをよくふく。

2 ボウルにらっきょうを戻し入れ、はちみつを加え、よくまぜてから保存瓶に移す。

らっきょうをみそ床に直接漬けて

みそ漬けらっきょう

下ごしらえをしたらっきょうを塩漬けせず、いきなりみそに漬けます。みそは好みのものでかまいませんが、漬け上がりを考えると、色の濃いものより淡めのもので中辛程度が適当。

材料(作りやすい分量)

らっきょう…250g
みそ…30g
グラニュー糖…大さじ3
焼酎…大さじ1

必要な道具

保存瓶

1
らっきょうの根と芽を除き、皮をむく(p.20の作り方**1**〜**4**を参照)。ボウルにみそ、グラニュー糖、焼酎を入れてよくまぜ、らっきょうを加える。

2
保存瓶に入れ、冷蔵室に味がなじむまでおく。みそがゆるんできたくらいから食べられる。

いつ作る?	5〜6月
食べ頃	漬けてから1〜2週間後
保存方法	保存容器に入れて冷蔵室で
保存期間	3〜4カ月

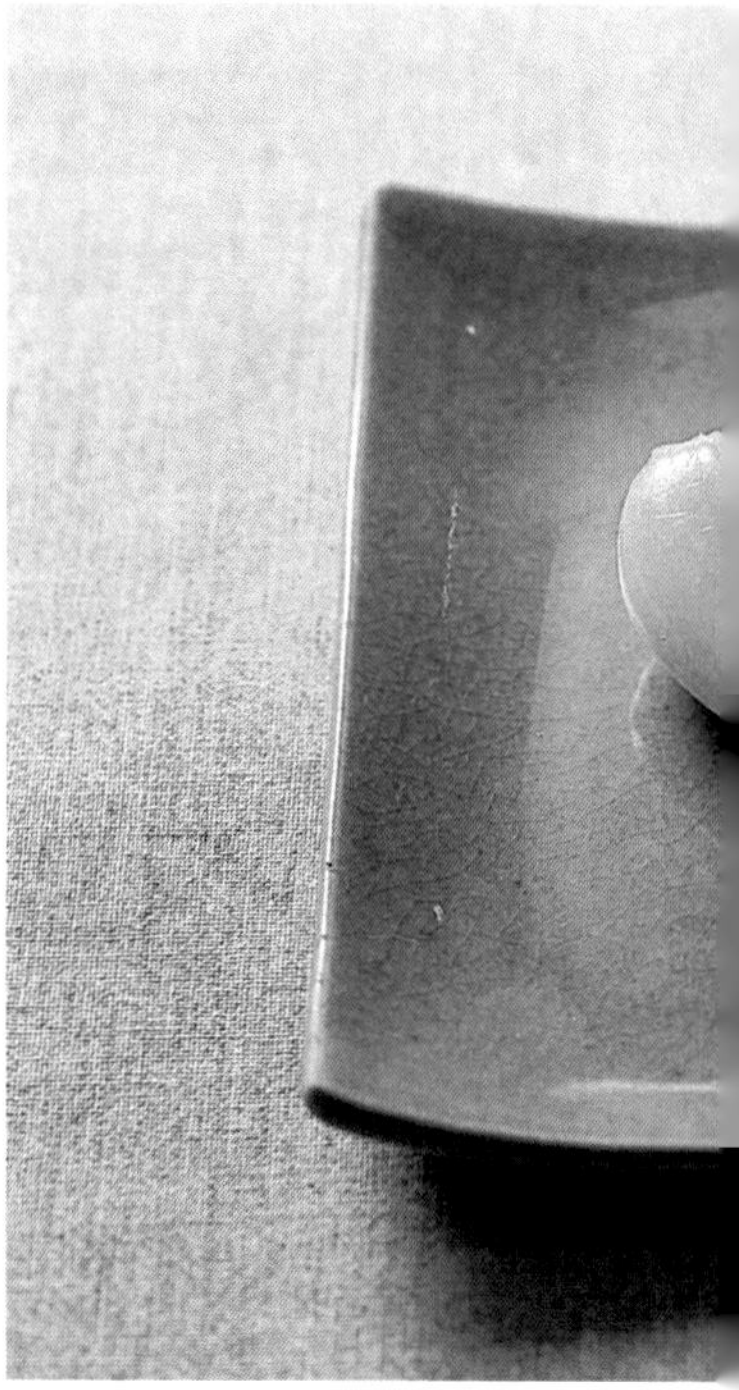

いつ作る?	5〜6月
食べ頃	漬けてから 2週間後
保存方法	保存容器に 入れて冷蔵室で
保存期間	1年

3 酢に砂糖をとかしたものを加え、ふたをして瓶を数回振る。味がなじむまで冷蔵室におく。1〜2週間後から食べられる。

らっきょうのない季節には…

早採りらっきょうのエシャレットを使って

エシャレットの甘酢漬け

いつ作る?	通年
食べ頃	漬けてから2週間後
保存方法	冷蔵室で
保存期間	1カ月

材料(作りやすい分量)

エシャレット…100g

A
- 酢…40mℓ
- 砂糖…20g
- 塩…小さじ1
- みりん…小さじ1

赤唐辛子…1本

必要な道具

保存瓶

1
エシャレットは葉と根元を切り落とし、表面のかたい部分をむく。

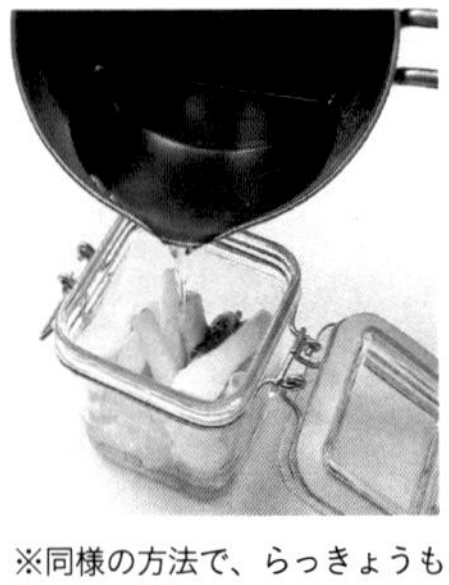

2
Aは鍋に入れてひと煮する。冷めたら保存瓶に入れ、赤唐辛子、エシャレットも加える。ときどき揺すったり、ふたをあけてガスを抜いたりしながら、冷蔵室に入れて漬ける。1〜2週間後から食べられる。

※同様の方法で、らっきょうも塩漬けなしで甘酢に漬けられます（保存は1カ月）。

梅の風味がほんのり。さっぱりした味わい

梅じょうゆらっきょう

いつ作る?	5〜6月
食べ頃	漬けてから1週間後
保存方法	保存容器に入れて冷蔵室で
保存期間	1カ月

らっきょうは塩漬けせずに、しょうゆベースの漬け汁に漬けます。らっきょうと季節が重なる青梅を風味づけに加えました。初夏の香りいっぱいの漬け物です。

材料(作りやすい分量)

らっきょう…50g
青梅…3個
赤唐辛子…2本
しょうゆ…1/2カップ
酢…1/2カップ
酒…1/2カップ

必要な道具

保存瓶

1
らっきょうの根と芽を除き、皮をむく(p.21の作り方**1〜4**を参照)。保存瓶にらっきょうを入れ、青梅に切り込みを入れて加える。赤唐辛子も加える。

2
鍋にしょうゆと酒を合わせてひと煮立ちさせ、冷ましてから酢を加える。**1**に注ぎ入れ、冷蔵室に味がなじむまでおく。

※余った漬け汁は、だしでわってそうめんのつけ汁に活用できます。梅の酸味とらっきょうの香りがきいておいしいです。

らっきょう漬けを使って

酸味のある甘酢漬けやはちみつ漬けは、
おかずに活用するとひと味違う仕上がりです。

らっきょうの歯ごたえと
甘ずっぱさがアクセント

じゃがいもとらっきょうのドレッシングサラダ

材料(2人分)

はちみつらっきょう、または
　らっきょうの甘酢漬け…5〜6個
じゃがいも…2〜3個
市販のフレンチドレッシング…大さじ2
パセリ(みじん切り)…大さじ1
ゆで卵…1〜2個

作り方

1 じゃがいもは皮をむいて4等分くらいに切り、やわらかくなるまで水からゆでる。ざるに上げて水けをよくきる。
2 らっきょうはせん切りにする。ゆで卵は殻をむき、フォークの背でつぶす。
3 ボウルに1、2を合わせ、フレンチドレッシング、パセリを加えてざっくりまぜ合わせる。

※フレンチドレッシングを手作りする場合は、酢のかわりにらっきょうの漬け汁を使っても。

いつもの酢の物の風味がぐんとアップ

らっきょうとわかめの酢の物

材料(2〜3人分)

らっきょうの甘酢漬け…5〜6個
わかめ(塩蔵)…50g
きゅうり…1本
A　酢…大さじ1½
　砂糖…小さじ1
　塩…小さじ⅓
　だし…大さじ1

作り方

1 らっきょうは薄い小口切りにする。わかめは熱湯にさっとくぐらせ、水けをしぼってから一口大に切る。きゅうりは薄い小口切りにし、塩少々(分量外)を加えてもみ、水けをしぼる。
2 ボウルにAを合わせ、1を加えてよくあえる。

ぬか漬け

始めるなら、発酵しやすい春から初夏に

昔の人の知恵が生きた、栄養、味ともに優秀な日本の漬け物

いつ作る?	通年(ぬか床を仕込みやすいのは4〜6月)
食べ頃	漬けた翌日(夏場は半日後がめやす)
保存方法	漬け上がったものは冷蔵室で
保存期間	2〜3日

どんな野菜とも相性よし。なすやきゅうりはもちろん、長芋やアボカドもおすすめです。ごはんとみそ汁に合わせれば、健康的な一食が完成。

健康食として再び注目されている、日本の代表的な発酵食品。米の胚芽や表皮の栄養に加え、発酵段階でさまざまな成分が生まれ、生の野菜よりもビタミンB群やカルシウムが豊富です。ぬか床は生きているので、失敗なくおいしく作るには、毎日の手入れが大切ですが、一度作れば一生もの。空気を含ませるように日々かきまぜて、育てる気持ちでやってみてください。

ぬか漬けの段取り

4〜5月 ぬかに塩水をまぜて下漬けをする

→ **1週間毎日** 1日2回(朝晩)ぬか床をまぜてならす

→ **1週間後** ぬか床が完成。本漬けできる状態に

※同じ野菜でも春夏と秋冬で漬け時間が異なる。春夏のほうが早く漬かる

→ **毎日** ぬか床をかきまぜる

下漬け

ぬかと塩水をまぜる。
赤唐辛子や味をよくするための乾物も加えて。

1
鍋に水1.2ℓと塩を入れ、ひと煮立ちさせて塩をとかし、冷ます。ボウルにぬかを入れ、塩水を3〜4回に分けて加え、よくまぜる。

2
底からもよくかきまぜ、ぬか床がややかため（握ったときに形がしっかり残る）になるように作る。

3
昆布や干ししいたけなどの乾物類をガーゼで包むか、だしパックに入れる。

赤唐辛子と一緒に、かめに入れたぬか床に入れる。

4
捨て漬け用の野菜を入れ、表面をきれいにならす。

材料(作りやすい分量)

ぬか…1.5kg
あら塩…200g
昆布、干ししいたけ、煮干し、実山椒など…各適量
赤唐辛子…3本
捨て漬け用の野菜(キャベツの外葉、大根の葉など)…適量
本漬け用の野菜(きゅうり、かぶ、なすなど)…適量

必要な道具

漬け物用のかめかほうろう容器（きれいに洗って乾かす。大きさはぬかと水分を入れて上部が約15cmあくものが理想）

材料について

ぬかは生ぬか、いりぬかの手に入りやすいほうを。ここではフレッシュなぬかの香りと栄養分を生かしたいので、生ぬかをいらずに使う。塩はあら塩を、水はできれば浄水を。赤唐辛子は傷みを防ぐ効果が。

昆布。2×5cmほどを2枚程度でOK。味がより出るように刻んで。

干ししいたけ。2〜3個を軸をつけたまま、適当な大きさに切って使う。

煮干し。軽くひとつまみほど。味出しの材料に特に決まりはないので、それぞれに工夫を。

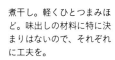

野菜の下ごしらえと本漬け

基本の野菜、かぶ、なす、きゅうりを紹介。漬け時間や野菜は、季節や大きさによって、好みで調整してください。

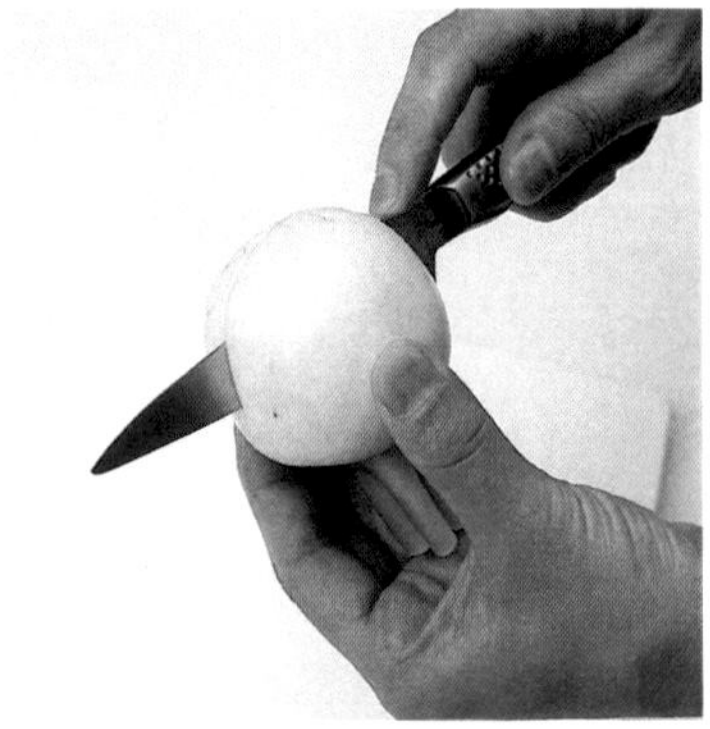

1

かぶは皮つきのまま半分に切って、漬ける。漬かったら皮をむいて食べる。

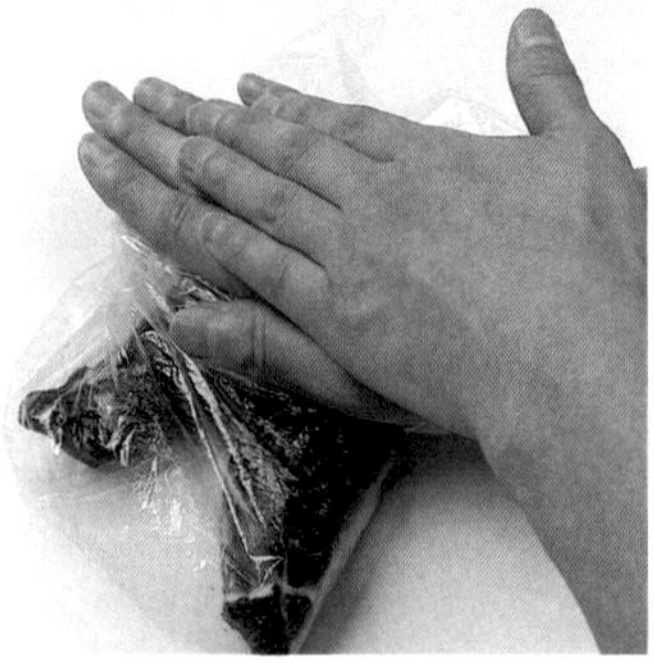

なすはポリ袋に入れ、塩少々を加えて塩もみしてから漬けると、色あざやかになる。

きゅうりは塩で軽くもんでから漬けると、色あざやかになる。

2

漬け時間は、春先は夜に漬けて翌日の夕方に食べるくらいがちょうどよい。夏場は、きゅうりなら半日、なすなら朝入れて夕方には漬かる（漬かり具合は、野菜の大きさと温度による）。

ぬか床をならす

本漬け以降の毎日の手入れの最後にも行う、基本の作業となります。

1

表面は手の甲を使って、押さえるようにしながらきれいにならす。かめについたぬかは、ぬらしたキッチンペーパーできれいにふく。

2

きれいにならした状態。ふたをして、日の当たらない涼しい場所におき、1日2回（朝晩）、上下を返すようによくまぜ、表面を平らにならす。これを約1週間続ける。捨て漬け用の野菜は、2〜3日後にしんなりしたらとり出し、もう一〜二度、捨て漬け用の野菜を入れる。乾物類は、1〜2週間たったら除く。

＼POINT／

ぬか床をかきまぜる

本漬け以降の毎日行う、基本の作業となります。

容器の底の隅々まで手を入れ、上下を返すように大きくまぜる。ぬか床全体に空気を含ませるようによくかきまぜるのが、カビを防ぎ、均一に発酵させるコツ。あとは、上記を参照して表面をならす。

column 1

ぬか漬け Q&A

初めてぬか漬けに挑戦するかたからよく受ける質問を中心に、脇先生に答えていただきました。

Q ぬか漬けがすっぱくなってきたのですが。

A 発酵が進みすぎるとすっぱくなってきますので、ぬか1kgに対して粉辛子を大さじ2くらい入れてよくまぜましょう。夏場は粉辛子と赤唐辛子を入れておくと防腐の役目もします。また、漬け物の味をよくするために、きな粉、干ししいたけ、昆布、煮干しなどを入れる人もいるようです。

ぬか漬けの発酵が進んですっぱくなってきたら粉辛子を。

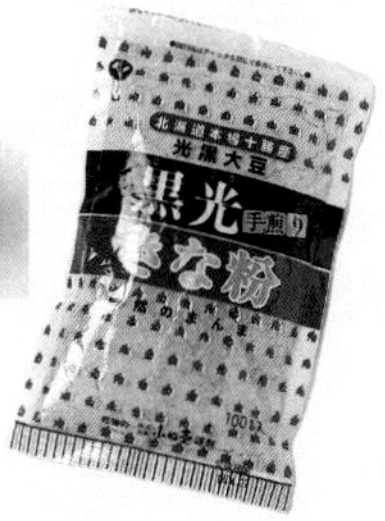

漬け物の風味をよくしたいときはきな粉を加えて。

Q ぬか床の表面が白くなってしまいました

A カビのようなものが生えるのは、酵母のせいです。かきまぜるのを忘れた、まぜ方が足りなかったというのが原因です。部分的に白い状態なら、その部分をとり除き、減った分は、新しいぬかと塩を合わせて加え、よくまぜて。大量に出てしまった場合は、まず白い部分を厚めに除き、野菜とぬかを容器から出し、容器とふたを熱湯消毒して乾かしてから、野菜とぬかを戻してください。減った分は、新しいぬかと塩を合わせて加え、よくまぜてください。

カビを除いたら、ぬかと塩を足して。

Q 上手に発酵するか心配です。

A 1日1回かきまぜて世話をすれば、1週間ほどでいい状態になります。身近にぬか漬けの上手な人がいれば、少し分けてもらって加えても。発酵を促すということで、市販のビール酵母や飲み残しのビールを加える人もいます。おいておく場所は、日の当たらない涼しい場所が基本。冷蔵庫の野菜室で保存する方法もありますが、捨て漬けを入れてぬか床を発酵させている間は室温においてください。

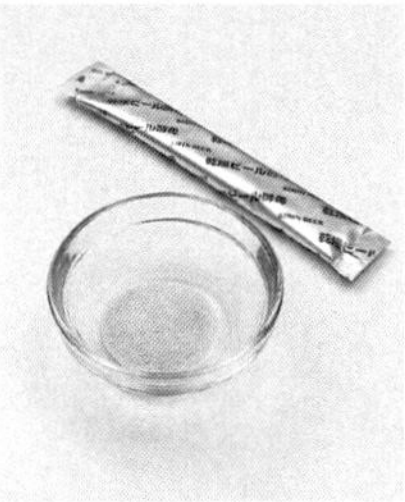

市販の粉末状のビール酵母。

Q ぬか床がだんだんゆるくなってきました。

A 野菜から出る水分でぬかが水っぽくなってしまった場合、ぬか床の表面にきれいなふきんなどを広げてぴっちりとかぶせ、水分を吸いとらせて。または、中央にくぼみをつけ、水分がたまったら、キッチンペーパーなどで吸いとってみてください。また、便利な水抜き（写真）も市販されています。

ぬか床にさしておくだけでOKの水抜き。たまった余分な水分を、毎日の手入れのときに捨てればいいので便利。

Q 何日か旅行に出るのですが、ぬか床はどうすればよいでしょうか？

A 1週間ほど留守にするときは、ぬか床の野菜を抜いてから、ぬか床を保存袋に移し、空気を抜いて密閉し、冷蔵庫で保存してください。帰ってきたら、きれいに洗って乾かした容器に戻し、よくかきまぜます。

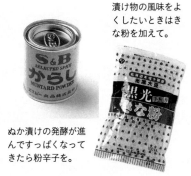

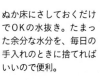

白菜漬け

初冬の大ぶり白菜の滋味あふれるおいしさ

いつ作る?	11〜2月(特におすすめは11〜12月)
食べ頃	漬けてから4〜5日後から
保存方法	重しをして、気温約5℃の場所か冷蔵室で
保存期間	重しをして、2〜4カ月

大ぶりの白菜1個で作る、本格的な白菜漬け

材料も工程もシンプルな人気の漬け物。陽の当たらない涼しい場所で漬けて。

肉厚で大きな白菜が出回る11月頃からがタイミング。白菜の甘みを引き出すために、干してから漬け込み、水が上がったら4~5日で完成します。発酵が進んで酸味が出たものは「古漬け」と呼ばれ、煮物や鍋物に使うと滋味深い味わいに。一度にたっぷり作って長く楽しんんでください。

材料について

白菜は芯割れがなく締まりがあり、なるべく表面に黒い斑点がないものを。調味料はあら塩と赤唐辛子だけでシンプルに。

材料(作りやすい分量)

白菜…１個(約2.3kg)
あら塩…70〜80g
(白菜の3〜3.5％)
赤唐辛子…２〜３本

必要な道具

・漬け物用のかめや大型のほうろう容器（酸や塩分に強いもの）・重し（白菜の重量の約2倍）

1

白菜は根元に包丁で切り込みを入れ、手で割るようにして四つ（大きければ六つ）に分ける。ざるに並べ、風通しのよい場所で半日から1日干し、洗って水けをきる。

2

かめに塩少々を振り、白菜の葉の先を曲げて詰めるようにして入れる。

3

1段詰めたら塩を振る（茎のほうに多めに振る)。上に行くほど塩を多めに振り、途中で赤唐辛子を入れる。

4

白菜の重量の約2倍の重しをして、ほこりよけにシートなどをかぶせ、日の当たらない涼しい場所（気温約5℃）におく。

5

水が上がってきたら重しを半分に減らし、4〜5日目から食べられる。気温が高いとすっぱくなるので、小さな容器に移して重しをし、冷蔵室に入れてもよい。徐々に発酵する味の変化を楽しむのもおもしろい。

漬け上がり。発酵が進むと酸味が出るので、食べてみてすっぱいようなら、水で軽く塩抜きして煮物などに使っても。

もっと手軽に
少量で作れる

サラダ感覚でいっぱい食べられる

白菜の切り漬け

1個の白菜を漬けるのが大変だと感じるかたやさっと早く食べたいときにおすすめ。昆布のうまみも加わり、しっかり味に仕上がります。少量なので、ジッパーつき保存袋を使い、バットにのせて冷蔵庫で漬けても。重しは白菜の重量の倍を目安にしてください。

材料(作りやすい分量)

白菜…1/4個(約600g)
あら塩…約15g(白菜の2.5%)
昆布…5cm
赤唐辛子…2〜3本

必要な道具

バネつき漬け物容器

いつ作る?	通年
食べ頃	漬けた翌日から
保存方法	保存容器に入れて冷蔵室で
保存期間	1週間

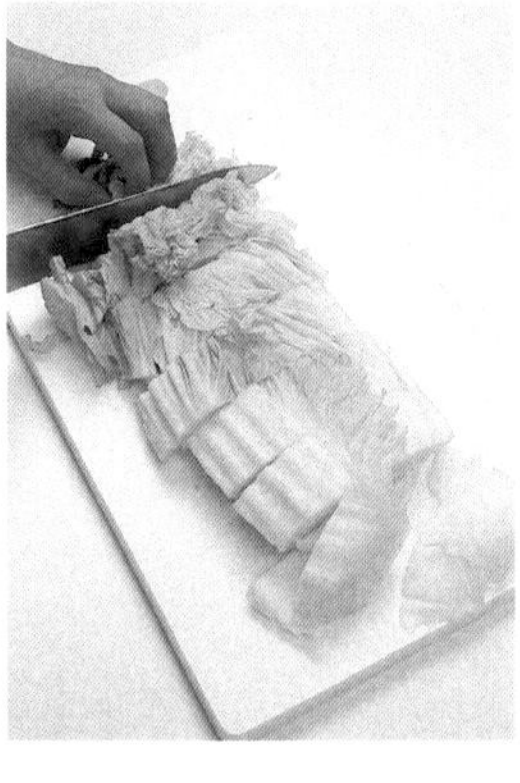

1

白菜は洗って水けをよくきる。できれば半日ほど干しておくとよい。芯を除き、3〜4cm長さに切る。

2

漬け物容器に白菜を入れ、昆布(1cm幅に切る)と赤唐辛子を加える。塩を全体に振り入れて重しをし、涼しい場所におく。翌日以降、さっと洗って水けをよくしぼってから食べる。

白菜の切り漬けの作り方で

右ページの白菜の切り漬けの材料をフルーツとハーブにかえた洋風バージョン。

ハーブとオレンジの香りをきかせて

白菜の洋風切り漬け

和風の切り漬けの風味出しは昆布と赤唐辛子ですが、それをフルーツとハーブにかえるだけでおしゃれに。冬のおもてなしにも。

材料(作りやすい分量)

白菜…1/4個(約600g)
あら塩…約15g(白菜の2.5%)
オレンジ…1/2個
ローリエ…3〜4枚

必要な道具

バネつき漬け物容器

1 白菜は右ページの切り漬けと同様に準備する。
2 漬け物容器に白菜を入れて塩をまぶす。オレンジを半月切りにして加え、ローリエを散らす。
3 右ページの切り漬けと同様に漬ける。

オレンジは、ほかのかんきつ類でもOK。ハーブも好みでかえたり、香辛料をプラスしたりと工夫するのも楽しい。

いつ作る?	通年
食べ頃	漬けた翌日から
保存方法	保存容器に入れて冷蔵室で
保存期間	1週間

白菜漬けの古漬けを使って

白菜漬け(p.30)が漬かりすぎた場合の活用の一例です。

酸味のきいた白菜は肉の煮込みと好相性

白菜とスペアリブの煮込み

材料(2人分)

白菜の古漬け(p.30参照)…1/4個分
スペアリブ…大4本
にんじん…1/2本
玉ねぎ…1/2個
A 白ワイン…1/2カップ
　水…1カップ
　固形スープ…1/2個
　塩、こしょう…各少々
ローリエ…1枚
サラダ油…小さじ2

作り方

1 にんじん、玉ねぎはあらみじんに切る。スペアリブはさっとゆでる。白菜の古漬けはよく洗い、1cm幅に切る。
2 鍋にサラダ油を熱し、にんじん、玉ねぎをしんなりするまで炒め、白菜の古漬けを加えて、油が回るまで炒める。
3 A、スペアリブ、ローリエを加え、煮立ったらふたをし、中火で40分、途中で上下を返しながら蒸し煮にする。

白菜キムチ

辛さや塩かげん、酸味もおだやかで食べやすい

本場韓国では家庭ごとにレシピがあるといわれるほど作り方や材料はさまざま。キムチ作りに欠かせないアミの塩辛を煮出して加えるなど、私なりの工夫を加えた食べやすいおだやかな仕上がりです。乳酸発酵した深みのある味わいはもちろん、作りたてのみずみずしい食感も楽しんでください。

漬けたてのフレッシュなおいしさは
手作りならでは

いつ作る?	11〜2月(特におすすめは11〜12月)
食べ頃	漬けてから4〜5日後
保存方法	冷蔵室で
保存期間	2〜3週間

白菜1個を一晩塩水に漬けておき、翌日一気に作業します。漬けたその日から食べられるのが魅力です。

白菜の下漬けをする

一晩塩水に漬けて余分な水分を抜き、味を入れやすくします。

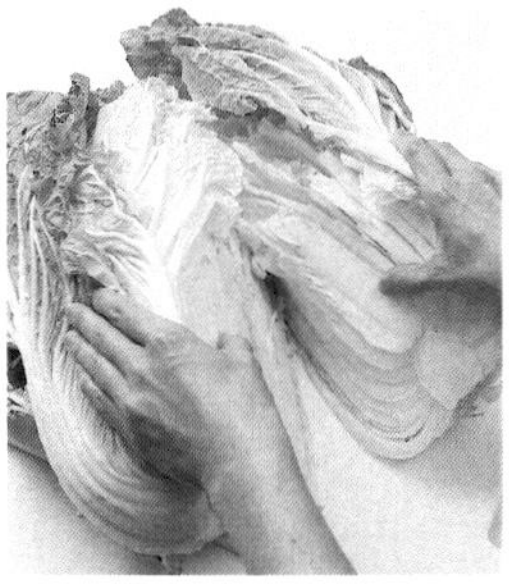

1
白菜は包丁で株元に切り込みを入れ、手で四つ～六つに割る。

2
葉の間に塩を振り（株元に多めに振る）、大きめのボウルや容器に詰めていく。

3
Aをまぜて塩水を作り、加える。軽い重し（水の入ったペットボトルをのせて白菜が浮かない程度でよい）をして一晩おく。

4
一晩たって塩漬けされた状態。白菜全体がしんなりしていればOK。

5
白菜を洗い、ざるに上げて自然に水けをきる。ぎゅっとしぼると白菜のうまみや必要な水分まで抜けてしまうので、しぼる必要はない。

材料（作りやすい分量）

白菜…1個（約2.3kg）
あら塩…約90g（白菜の4％）
A 水…1.2ℓ
あら塩…50g
B 白玉粉…大さじ2
水…1カップ
C アミの塩辛…200g
昆布…10cm×2枚
水…2.5カップ
粉唐辛子…80～100g
大根…400g
にんじん…¼本
せり…½束
にら…½束
長ねぎ…1本
塩…小さじ2
砂糖…小さじ1
にんにく…30～50g
しょうが…50g
りんご…½個
はちみつ…大さじ2

必要な道具

漬け物用のかめかほうろう容器

材料について

粉唐辛子やアミの塩辛などは、韓国食材店で。粉唐辛子は韓国産などのほうが甘みがあり、色も赤くなり、香りも高い。

漬けてから5日目くらいの状態。水分もほどよく出て、粉唐辛子もよくなじんでいる。発酵が進んですっぱくなるので、冷蔵室に入れて保存を。

7

大根、にんじんは3cm長さのせん切りにする。せりは茎の部分だけを使い、ざく切りにする。にらも3cm長さに切りそろえる。長ねぎは斜め薄切りにする。

8

大根、にんじんを大きなボウルに入れ、塩と砂糖を加えてもみ、軽くしぼる。

9

残りの粉唐辛子を加えてまぜる。

10

7の残りの野菜と**6**、はちみつを加えてよくまぜる。

11

水けをきった白菜の葉の間に**10**を少しずつはさみ、具がはみ出さないようにいちばん外側の葉でぐるりと包む。

キムチを漬ける

白菜を漬けた翌日の作業です。材料の買い忘れがないよう準備してください。

1

鍋に**B**の白玉粉と水少量を入れ、よくまぜてきれいにとけたら、残りの水を加え、弱火にかける。ときどきまぜながら、とろりとして半透明になるまで煮る。

2

熱いうちに粉唐辛子の半量を加え、粉っぽさがなくなるまでよくまぜ、冷ます。

3

別の鍋に**C**の水と昆布を入れ、しばらくおいて昆布からだしが出たら、火にかける。アミの塩辛を加え、ひと煮立ちしたら火からおろす。これをボウルをあてたざるでこし、冷ます。このときアミの塩辛をぎゅっとしぼる。

4

しょうがはすりおろす。にんにくは半分に割って芽を除いてからボウルに入れ、すりこ木でつぶすか、すりおろす。

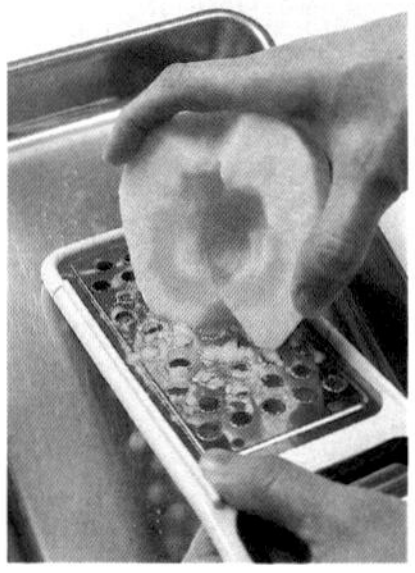

5

りんごは芯を除いて皮をむき、おろし金ですりおろす。

6

2と**3**のあら熱がとれたら、**4**、**5**と合わせて、よくまぜる。

白菜キムチを使って

キムチ鍋やキムチいためだけでなく、おつまみや主食にも活用してみて。

きゅうりと白菜キムチをあえるだけ

きゅうりの簡単オイキムチ

材料（2人分）

きゅうり…300g（3〜4本）
あら塩…約小さじ1（6g）
白菜キムチ…150g

作り方

1 きゅうりは斜め5㎜厚さに切り、塩をまぶしてしんなりさせる。
2 白菜キムチは水けを軽くしぼり、こまかく刻む。きゅうりの水けをよくしぼり、キムチとあえる。すぐに食べられるが、しばらくおいて味をなじませたほうがおいしい。

すっぱくなったキムチで。ねぎを散らしても

キムチチャーハン

材料（2人分）

白菜キムチ…100g
ごはん…茶碗3杯分
砂糖…小さじ⅔
塩…少々
しょうゆ…少々
ごま油…大さじ1½

作り方

1 白菜キムチは水けを軽くしぼり、あらみじんに切る。
2 フライパンにごま油を熱し、キムチを加えて水分を飛ばすように炒める。ごはんを加え、パラリとするまで炒める。
3 全体に色が均一になったら砂糖、塩を加え、味をみてしょうゆを加える。

12
漬け物容器の底にぴったり詰めるようにして入れる。残りは順に積み重ねていく。

13
ボウルに残った汁を、白菜の上から回しかける。

14
ラップをかぶせ、皿などの軽い重しをして、室温に一晩〜1日おいてから冷蔵室で保存する（その際、食べやすく切って、保存袋などに小分けにするとよい）。漬けてからすぐ食べられ、4〜5日して軽く発酵したら食べ頃。酸味が出たら、鍋や炒め物など火を通して使うとおいしい。

POINT

こんな材料を漬けても

アミの塩辛や粉唐辛子、調味料を合わせて作る薬念（ヤンニョム）は、キムチのたれ。このたれでキムチの味は決まってくるのですが、本場ではいわしの塩辛を入れるのが一般的だそう。そのほか、こぶだしを煮干しだしにかえたり、アミの塩辛をいかの塩辛に、りんごを梨にかえるなど、材料や配合もさまざま。慣れてきたらそれぞれ工夫するのも楽しいです。

干し大根が手に入れば、意外に手間なし

たくあん

大根を「くの字」に曲がるくらいまで干してから、ざらめなどを加えたぬかに漬けて作ります。大根がよく乾く寒風の吹く季節が漬けどきです。自分で大根を干すのは手間がかかるという場合は「干し大根」で作るのもおすすめ。自然のおいしさだけで作る手作りの味は格別です。

いつ作る？	11月
食べ頃	漬けてから2カ月後
保存方法	日の当たらない 寒い場所か冷蔵室で
保存期間	2〜3カ月(春暖かくなるまでに食べきる)

材料(作りやすい分量)

大根…4本(約2.1kg)
ぬか…315g(干した大根の15％)
あら塩…126g(干した大根の6％)
ざらめ…63g(干した大根の3％)

必要な道具

・プラスチックかほうろうなど漬け物に向く容器　・重し

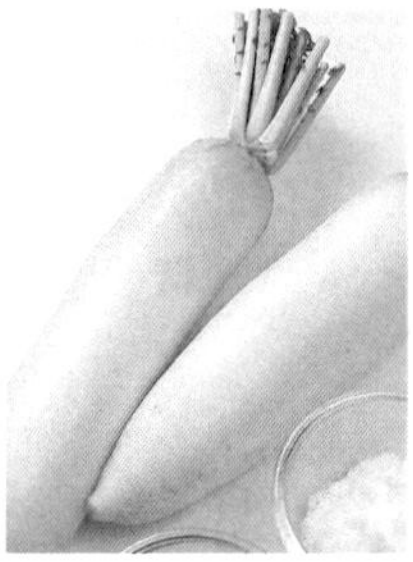

材料について

生の大根の場合は、よく太って身がかたく締まった新鮮なものを選んで、ぬかは生ぬか、いりぬかのどちらでもよい。砂糖はざらめを使うと、甘みがゆっくりと浸透して、すっきり仕上がる。

スーパーで買える「干し大根」

11月中旬〜12月初旬のほんのいっとき店先に並ぶ、干し大根。手に入りにくいので、スーパーなどで事前予約しておくのが得策。冷蔵庫に入れるとぬめりが出るので、買ったらできるだけ早く漬けて。

1

大根は葉先にひもをつけて庭先やベランダなど風通しのよい場所で約10日干す。干し上がりの目安は、手で簡単に「くの字」に曲がるくらいまで。

たくあんを使って

水にさらしてすっきり味にしてから料理に使います。切り方で表情を変えて。

ごまの香りをきかせたシンプルな味つけで

たくあんの炒め物

材料(2人分)

たくあん…15cm
砂糖…少々
しょうゆ…小さじ1½〜2
いり白ごま…小さじ1
ごま油…小さじ2

作り方

1 たくあんは薄切りにし、ボウルにためた水に半日ほどつける。好みの塩かげんで引き上げ、ざるに上げて水けをきる。
2 フライパンにごま油を熱し、たくあんを入れて中火で炒める。砂糖、しょうゆ、ごまを加え、炒め合わせる。好みで七味唐辛子を振っても。

たくあんの塩けと風味で煮物の味がアップ

たくあんと厚揚げの煮物

材料(2人分)

たくあん…300g
厚揚げ…1枚
絹さや…30g
だし…1½カップ
砂糖…大さじ2
しょうゆ…大さじ1½カップ

作り方

1 たくあんは1cm厚さに切り、ボウルにためた水に半日ほどつける。好みの塩かげんで引き上げ、ざるに上げて水けをきる。
2 厚揚げは短い辺を半分に切ってから1cm厚さに切る。
3 鍋にだしとたくあんを入れ、たくあんがやわらかくなるまで煮る。厚揚げと砂糖を加え、味がなじんだら、しょうゆを加えてさらに5分ほど煮る。
4 筋をとってゆでた絹さやを半分に切って加え、さっと温める。

2
ボウルにぬか、塩、ざらめを入れてよくまぜ合わせる。

3
容器の底に**2**のぬかの約¼量を入れ、葉を切り落とした大根をきっちり並べ入れる（すき間があくようなら大根を切って詰める)。

4
残りのぬかの半量を振り入れ、**3**と同様に大根を並べ入れる。大根の葉をかぶせ、上に残りのぬかをのせる。

5
ラップをかぶせ、大根の2倍の重さの重しをして、ふたをするか、新聞紙や包装紙で覆ってひもでしばり、気温約5℃の日の当たらない涼しい場所におく(冷蔵室でもOK)。

6
表面に水分が上がってきたら重しを半分に減らす。写真は漬け上がり。漬けてから約1カ月で食べられるが、2カ月後が食べ頃。洗ってぬかを落とし、切り分ける。

白いごはんにぴったりの人気の味
しょうゆ味の漬け物

しょうゆをベースにしたたれで漬けるので、ごはんのおかずにもなりそうな、しっかり味の漬け物。作り方もシンプルで、漬ける時間も比較的短くて食べられます。

福神漬け
カレーでおなじみの漬け物も自家製で

いつ作る?	通年
食べ頃	漬けた翌日から
保存方法	保存容器に入れて冷蔵室で
保存期間	1〜2週間

市販品は赤いものが多いのですが、本来はこんなしょうゆ色。野菜の歯ごたえを生かしたいので、煮てはとり出すを繰り返してから、煮汁だけを煮詰めて、最後にその中に漬ける作り方にしました。

材料(作りやすい分量)

大根…½本(250g)
きゅうり…1本(100g)
れんこん…小1本(50g)
にんじん…⅓本(50g)
なす…1個(50g)
あら塩…小さじ2
(野菜を切って合わせた重量の2%)
昆布(細く切る)…5cm分
しょうが(せん切り)…1かけ
しょうゆ…¼カップ
砂糖…100g
酢…大さじ1½
酒…¼カップ

必要な道具

バネつき漬け物容器

1
大根、れんこん、にんじんは3mm厚さの半月切り(またはいちょう切り)にする。きゅうり、なすも同様に切る。これを漬け物容器に合わせ入れ、塩を振ってまぜ、重しをかけて冷蔵室に一晩おく。野菜をさっと水で洗い、水けをよくしぼる。

2
鍋にしょうゆ、砂糖、水¼カップを入れて火にかけ、煮立ったら野菜と昆布、しょうがを加える。再び煮立ったら、ボウルをあてたざるに上げ、いったん冷ます。煮汁は鍋に戻す。

3
野菜類を鍋に戻し入れ、酢と酒を加えて火にかける。ひと煮したら、再びボウルをあてたざるに上げて冷まし、煮汁は鍋に戻す。煮汁を中火で煮詰め、半量になったら野菜を戻し入れ、そのまま冷ます。

きゅうりのパリパリ漬け

しっかり味がしみて、歯ごたえのいい漬け物

歯ごたえのよい人気の漬け物みたいな味が出せないかな、と考えて作ったのがこれです。小口切りにしたきゅうりに、熱いしょうゆベースの漬け汁を注いで漬けるだけ。

材料(作りやすい分量)

きゅうり…5本
しょうが…1かけ
いり白ごま…大さじ1
A
- しょうゆ…1/3カップ
- 水…1/3カップ
- みりん…大さじ3
- 酢…大さじ2

必要な道具

・漬け物容器　・重し

いつ作る？	通年(おすすめは夏場)
食べ頃	漬けた翌日から
保存方法	保存容器に入れて冷蔵室で
保存期間	1週間

1
きゅうりは1.5㎝厚さの小口切り、しょうがはせん切りにして、ごまとともに漬け物容器に入れる。**A**を合わせて煮立て、熱いうちに注ぐ。

2
きゅうりと同じ重量の重しをし、冷蔵室か、冬なら日の当たらない涼しい場所にまる一日おく。

3
漬け上がり。保存容器に入れ、冷蔵室で1週間を目安に。

松前漬け

昆布から粘りが出たらでき上がり

するめ、昆布はキッチンばさみで細く切りますが、切ってセットになったものも売られています。お正月用としてもおすすめ。

材料(作りやすい分量)

するめ(5㎝長さのせん切り)…25g
昆布(5㎝長さのせん切り)…25g
にんじん…30g
塩漬けかずのこ…1/2腹
薄い塩水…適量
だし(または水)…150㎖
しょうゆ、みりん…各大さじ1 1/2

いつ作る？	11〜12月(数の子が出回る頃が作りやすい)
食べ頃	漬けてから半日〜1日後
保存方法	冷蔵室で
保存期間	1週間

1
かずのこは塩水に半日ほどつけて塩抜きし、薄皮をとってほぐす。にんじんはせん切りにする。ボウルにするめ、昆布、にんじん、かずのこを入れ、だしを加える。

2
しょうゆ、みりんを加える。

3
全体をよくまぜてラップをかけ、涼しい場所に半日ほどおく。保存容器に入れ、冷蔵室で1週間を目安に。

独特の香りと味わいでやみつきに
米麹を使った漬け物

甘ずっぱい麹の香りを生かした漬け物を2種類ご紹介します。どちらも風土と歴史が育んだ、郷土色豊かな漬け物です。

市販の甘酒のもとを使って
べったら漬け

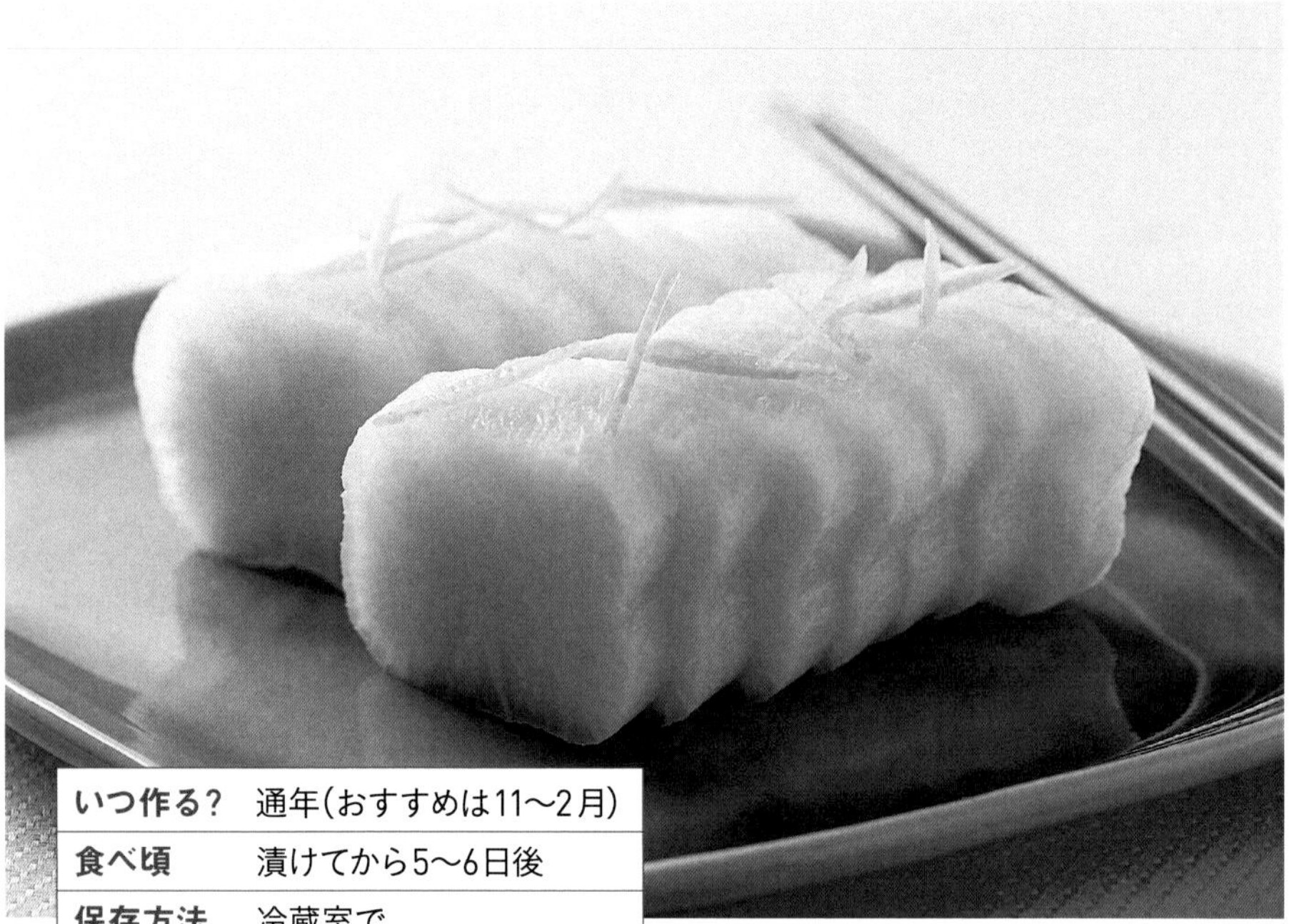

いつ作る?	通年(おすすめは11〜2月)
食べ頃	漬けてから5〜6日後
保存方法	冷蔵室で
保存期間	4〜5日

東京の代表的な漬け物で、甘みの勝った麹の味とカリカリした食感が特徴。本来は麹床を作って大根を漬けますが、麹床のかわりに市販の甘酒のもとを使い、手順をぐっと簡単にしてみました。

材料(作りやすい分量)

大根…2本
(正味約2kg)
あら塩…66g
(水と大根の3%)
市販の甘酒のもと
…2袋(720g)

必要な道具

・漬け物容器　・重し

Q 米麹から麹床を作る場合は?

洗った米1カップに水2カップを加え、炊飯器でやわらかく炊く。約80℃に冷めたら、ほぐした米麹250g、焼酎大さじ1を加えてまぜ、乾いたふきんをかぶせ、保温にしたままふたをせずに1〜2日おく。途中、1日1回よくまぜる。

1 大根は漬け物容器の大きさに合わせて切り、皮を厚めにむき、容器に並べ入れる。塩を振り、水1カップを加える。

2 大根の重量の倍の重しをし、ほこりが入らないよう包装紙などで覆ってひもでしばり、涼しい場所におく。

3 下漬けされた状態。水が上がるまで2〜3日漬ける。出てきた水分は捨て、大根は水けをよくふく。

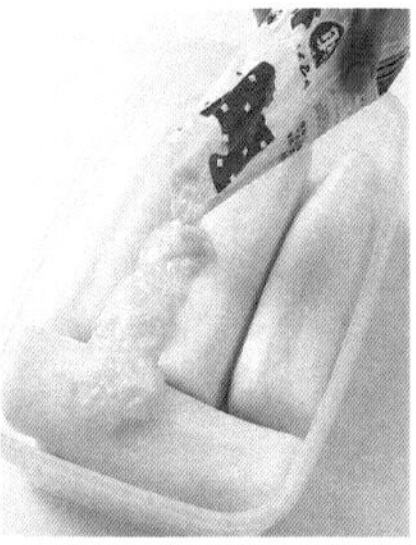

4 甘酒のもとが薄い場合は煮詰めて濃くする。漬け物容器に水けをふいた大根を並べ入れ、甘酒のもとを回しかける。

5 ふたをして(重しはせずに)、日の当たらない涼しい場所(気温約5℃)、または冷蔵室に入れて漬ける。5〜6日目から食べられる。

かぶら寿司

かぶとぶりを米麹で漬ける、伝統の味

金沢などの代表的な正月料理。塩で下漬けしたかぶに、本来は酢でしめたぶりをはさんで麹で漬けますが、少しでも簡単にしたかったので、ここではぶりでなく、市販のしめさばを使って作りました。

いつ作る？	11〜1月
食べ頃	麹に漬けてから3〜4日後
保存方法	冷蔵室で
保存期間	2〜3週間

材料（作りやすい分量）

かぶ…大12個（1620g）
あら塩…50g（かぶの約3％）
砂糖…16g（かぶの約1％）
乾燥米麹…200g
湯（50℃ぐらい）…300mℓ
市販のしめさば…1尾分（約300g）
ゆず…½個
赤唐辛子…3〜4本
ローリエ…1〜2枚
にんじん…¼本

必要な道具

漬け物容器

1

かぶは葉を切り落とし、皮を厚めにむき、2cm厚さの輪切りにする。さばをはさめるよう、厚みに切り込みを入れる。

2

漬け物容器に塩と砂糖を合わせたものを少量振り、かぶを1段敷き詰め、塩と砂糖を振る、を繰り返して詰めていく。

3

かぶの重量の約1.5倍の重しをして（バネつき漬け物容器の場合はきつく押さえる）、水が上がるまで涼しい場所で2晩漬ける。出た汁は捨てる。

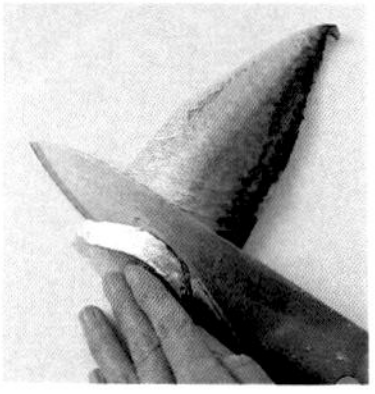

4

乾燥米麹はほぐしてボウルに入れ、湯を回しかけてまぜ、ラップをして毛布で包み、暖かい場所に一晩おく。しめさばは薄皮をはいで一口大のそぎ切りにする。

5

かぶの切り込みに、しめさば1枚を酢（分量外）にくぐらせてからはさむ。にんじん、ゆずの皮はせん切りにする。

6

漬け物容器に**4**の麹の¼量を敷き、かぶを並べ入れ、赤唐辛子、にんじん、ゆずの皮、ローリエを入れて麹をのせる。これを何度か繰り返し、上に麹をのせ、軽く重しをする。冷蔵室で3〜4日漬ける。

Q しめさばを手作りするなら？

三枚におろしたさば300gに対して小さじ1強（2％）の塩を振って半日おき、酢適量で洗う。酒、みりん各¼カップを合わせて煮切って冷ましたものに酢150gを加え、さばを半日漬ける。

味のバリエーションが楽しい

野菜の即席漬け

人気の「浅漬けのもと」を手作りします。ここでは5種類の味と、おすすめの野菜の組み合わせをご紹介。ポリ袋やジッパーつき保存袋に即席漬けのもとと野菜を入れてよくもんだら、2〜3時間で食べられるので、漬け物というよりもあえ物感覚。野菜は冷蔵室にあるものでいいので、もとを作っておけば、立派な一品が短時間で完成です。

"即席漬けのもと"を作っておくと便利です

濃いめのかつお風味で漬ける

基本の即席漬けのもと

最もベーシックで、誰にでも好まれる味つけです。どんな野菜とも相性がいいので重宝します。濃いめのだしで作るので、煮物の汁に使えるところもお気に入りです。

材料(作りやすい分量)

濃いめのだし…500mℓ
あら塩…小さじ1½
薄口しょうゆ
…¼カップ

作り方

だしに塩、薄口しょうゆを加えてよくまぜる（濃いめのだしのとり方は、水3カップに昆布20cmを2〜3時間ひたし、火にかけて沸騰直前に昆布をとり出し、削り節30gを加えて火を止め、削り節が沈んだらこす）。

いつ作る？	通年
食べ頃	作ってすぐ
保存方法	保存瓶に入れて冷蔵室で
保存期間	1週間

基本のもとで作る

キャベツと赤ピーマンの即席漬け

漬けてから短時間で食べたいときはしっかりよくもんで。そのままおくと、約2時間でしっかりとした味に漬け上がります。ピーマンの赤が食欲を誘います。

材料（作りやすい分量）

キャベツ…150g
赤ピーマン…100g
基本の即席漬けのもと
（右ページ参照）…¾カップ

（右ページ参照）

基本の漬け方です

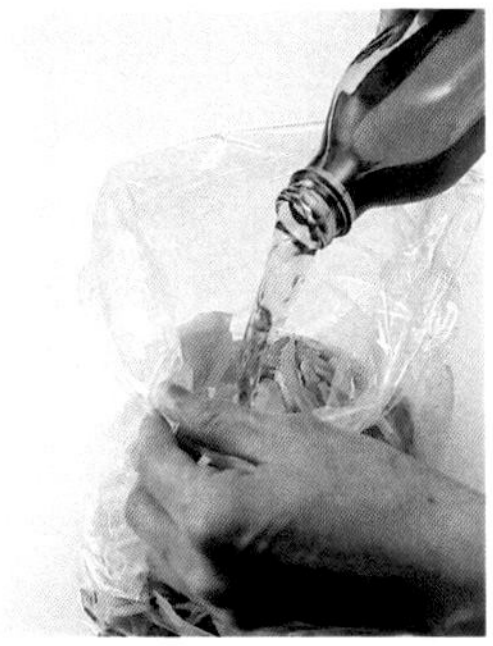

1
赤ピーマンは太めのせん切りにする。キャベツは芯をとって2cm幅に切る。切った野菜をポリ袋に入れ、即席漬けのもとを加える。

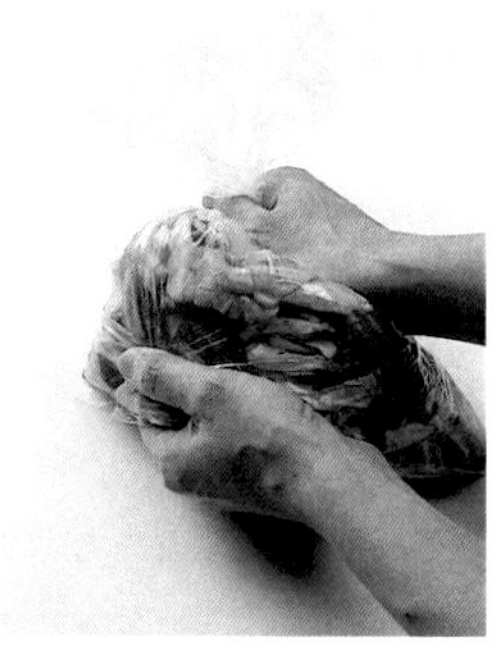

2
口を閉じて軽くもむか、そのまま2〜3時間おく。軽く汁けをしぼって器に盛る。

いつ作る？	通年
食べ頃	漬けてから2〜3時間後
保存方法	保存容器に入れて冷蔵室で
保存期間	2〜3日

キャベツと赤ピーマンの即席漬けを使って

くたっとした味しみ野菜が絶品

鶏だんごと即席漬けの煮物

材料（2人分）

鶏ひき肉…350g
キャベツと赤ピーマンの
即席漬け…全量
即席漬けから出た汁…全量
砂糖…大さじ1½

作り方

1 ボウルにひき肉、水90mℓを入れてよくまぜる。
2 鍋に即席漬けから出た汁、砂糖を入れて火にかけ、煮立ったら**1**を一口大のだんご状にしながら落とし入れる。
3 だんごの周りが白っぽくなったら、軽く汁けをきった即席漬けを加えて5〜6分煮る。

多めに作ってさまざまな野菜と楽しんで

即席漬けのもとと漬け物バリエ

味、色合い、香りといろいろな変化が楽しめるよう、44ページの「基本の即席漬けのもと」のほかに4種類のバリエをご紹介します。野菜の漬け方は45ページの「キャベツと赤ピーマンの即席漬け」と同様です。もとや野菜を入れかえて楽しんでも。

即席漬けのもと 昆布風味

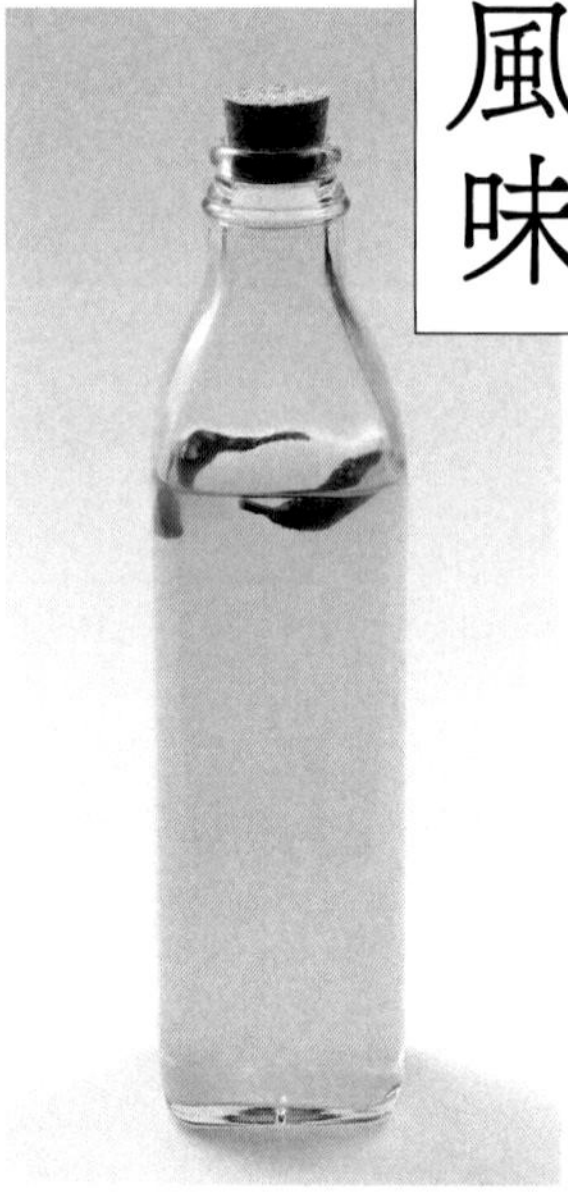

材料(作りやすい分量)

昆布…20㎝
あら塩…大さじ1
赤唐辛子…1本

作り方

鍋に水500㎖と昆布を入れて一晩おく。火にかけ、沸騰直前に昆布をとり出す。塩、赤唐辛子を加え、塩がとけるようにひと煮立ちさせる。火を止めて冷ます。

昆布風味を使って

かぶの即席漬け

1 かぶ500gは皮を厚めにむいて六つ割りにし、葉も刻んでポリ袋に入れる。
2 即席漬けのもと¾カップを加えて口を閉じてもむか、そのまま半日ほどおく。軽く汁けをしぼって器に盛る。

即席漬けのもと 中華風味

材料(作りやすい分量)

にんにく…1かけ
赤唐辛子…3本
花椒《ホワジャオ》…小さじ1
紹興酒…¼カップ
砂糖…大さじ1
あら塩…大さじ1

作り方

鍋ににんにく、赤唐辛子、花椒、紹興酒、砂糖、塩、水500㎖を入れて火にかけ、煮立ったら火を止めて冷ます。

中華風味を使って

レタスとラディッシュの即席漬け

1 レタスとラディッシュを合わせて500g用意し、レタスはざく切りにし、ラディッシュは葉を落として半分に切る。
2 ポリ袋に入れて、即席漬けのもと¾カップを加えて口を閉じ、もむか、そのまま半日ほどおく。軽く汁けをしぼって器に盛る。

いつ作る?	通年
食べ頃	漬けてから2〜3時間後
保存方法	保存容器に入れて冷蔵室で
保存期間	2〜3日

即席漬けのもと

しょうゆ風味

材料（作りやすい分量）

しょうゆ…½カップ
酢…¼カップ
砂糖…30g
昆布…5cm

作り方

鍋にしょうゆ、酢、砂糖、水¼カップ、昆布を入れて火にかけ、煮立ったら火を止めて冷ます。

しょうゆ風味を使って

切り干し大根の即席漬け

1 切り干し大根60gはよくもむように洗い、熱湯を回しかける。あら熱がとれたらかたくしぼり、食べやすく切る。
2 ポリ袋に入れて即席漬けのもと80mlを加え、昆布は細切りにして加える。口を閉じて、もむか、そのまま2〜3時間おいて味をなじませる。軽く汁けをしぼって器に盛る。

即席漬けのもと

からし風味

材料（作りやすい分量）

粉がらし…大さじ1½
あら塩…大さじ1
砂糖…小さじ1

作り方

粉がらしはぬるま湯少々でとく。ボウルに水500mlを入れて砂糖と塩をとかし、ときがらしを加えてよくまぜ合わせる。

からし風味を使って

きゅうりとセロリの即席漬け

1 セロリ2本は筋を除き、斜め7mm厚さに切る。きゅうり1本は4cm長さに切ってから四つ割りにする。
2 ポリ袋に入れて即席漬けのもと¾カップを加え、口を閉じてもむか、そのまま2〜3時間おいて味をなじませる。軽く汁けをしぼって器に盛る。

きゅうりとセロリの即席漬けを使って

即席漬けと牛肉の炒め物

即席漬けと炒めると、肉もさっぱりした味に

材料（2人分）

きゅうりとセロリの即席漬け…150g
牛カルビ焼き肉用…100g
塩…少々
サラダ油…小さじ2

作り方

1 牛肉は食べやすく切る。
2 フライパンにサラダ油を熱し、牛肉を強火でさっと炒める。きゅうりとセロリの即席漬けを汁けを軽くきって加え、さっと炒め合わせる。塩で味をととのえる。

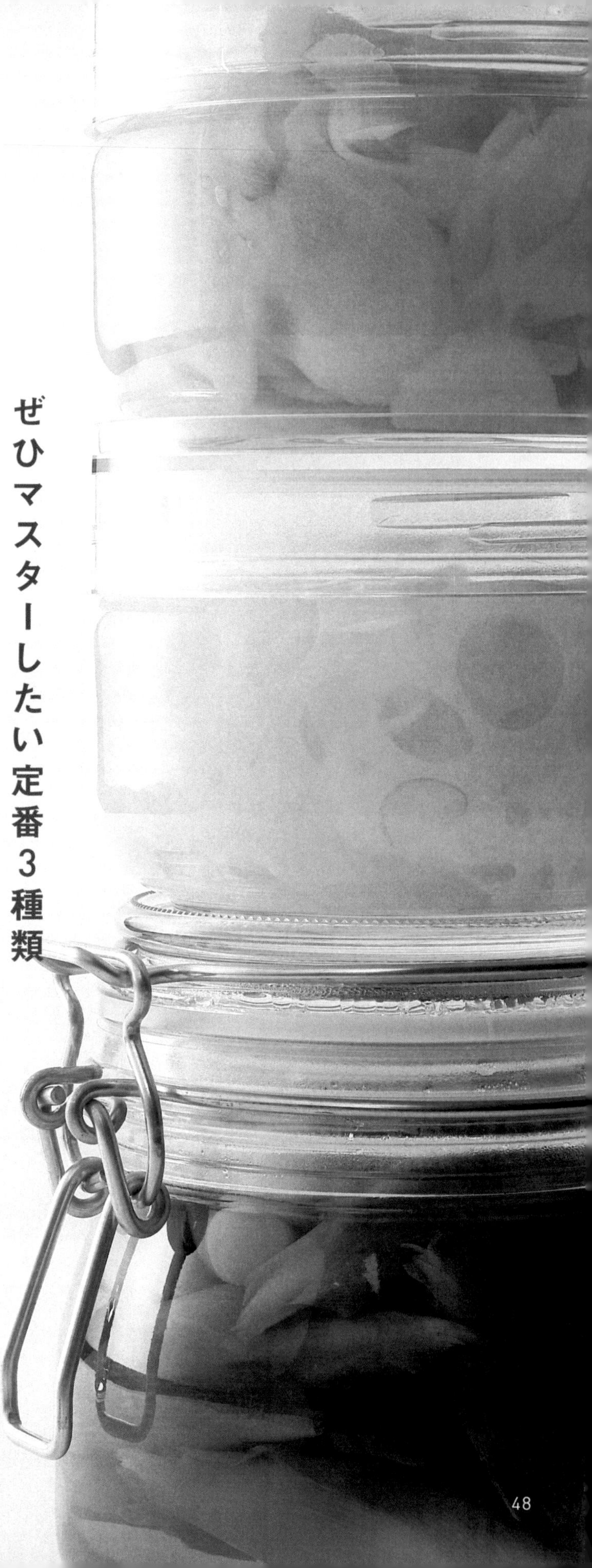

ぜひマスターしたい定番3種類

野菜の甘酢漬け

疲労回復パワーがあって大人気の酢漬けは、手順も簡単で日もちもするので、常備菜として優秀です。さっぱり味が食べたくなる夏場に作るのがおすすめです。

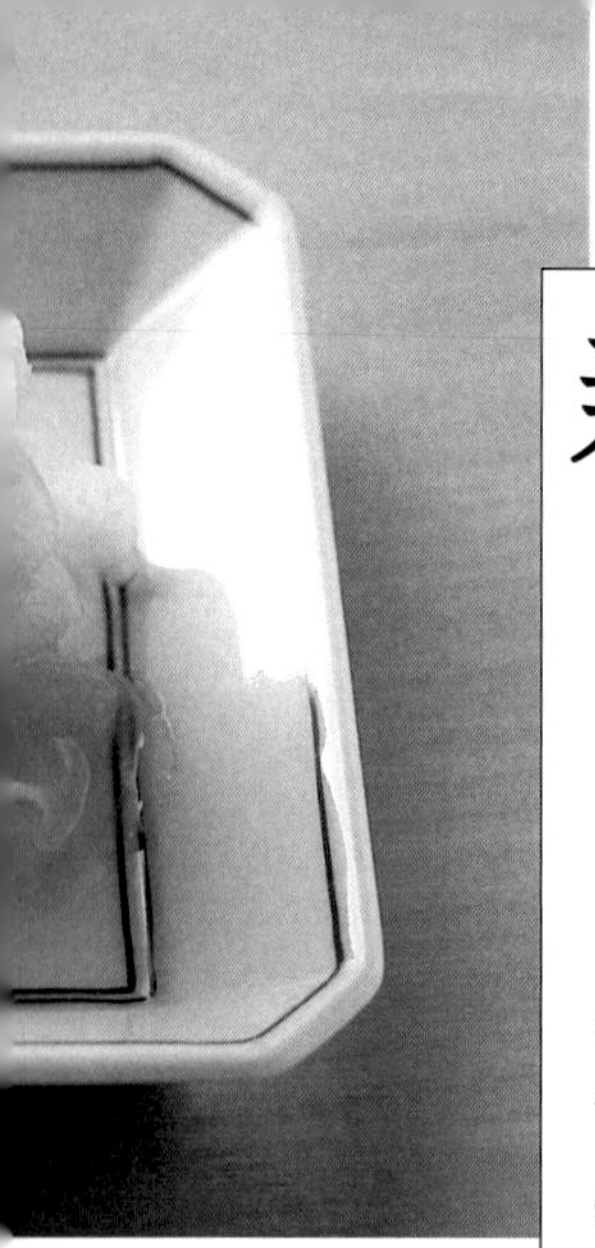

お寿司やさんの〝ガリ〟を手作りで

新しょうがの甘酢漬け

薄切りにした新しょうがを、さっとゆでてから甘酢に漬けて。漬けたては白っぽいですが、3日ほどたって淡いピンクになったら食べ頃です。牛丼にも欠かせません。

材料（作りやすい分量）

新しょうが…500g
酢…1カップ
砂糖…100g
塩…小さじ1
ぬるめの湯…1/2カップ

必要な道具

保存瓶

いつ作る？	通年（おすすめは6〜9月）
食べ頃	漬けてから3〜4日後
保存方法	保存容器に入れて冷蔵室で
保存期間	1年

1

甘酢を作る。鍋に酢を入れて火にかけ、煮立ったら、砂糖、塩を加えてとかし、火からおろしてそのまま冷ます。

2
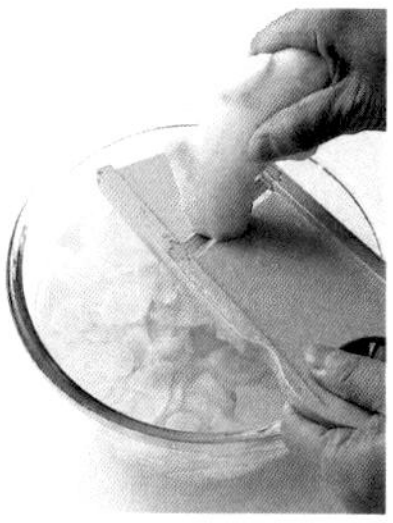
新しょうがは、たわしで軽くこすって洗う。スライサーで繊維を断ち切るように薄切りにし、水にしばらくさらして水けをきる。

3

鍋にたっぷりの湯を沸かしてしょうがを入れ、1〜2分さっとゆで、ざるに上げて湯をよくきる。

4

保存瓶に入れ、甘酢とぬるめの湯を合わせて注ぐ。ふたを閉めて軽く振り、全体が液に漬かるようにする。

れんこんの甘酢漬け

箸休めやおべんとうの具にぴったり

ちらし寿司の具としておなじみの〝酢れんこん〟です。上品な薄切りにすることで食べやすいうえ、あえ物にも使いやすく、とても便利。薄切りにするときは包丁でもよいですが、スライサーがあると簡単です。

材料（作りやすい分量）

れんこん…200g
酢…1カップ
砂糖…100g
塩…小さじ1

必要な道具

保存瓶

1

甘酢を作る。鍋に酢を入れて火にかけ、煮立ったら、砂糖、塩を加えてとかし、火からおろしてそのまま冷ます。れんこんはスライサーで薄切りにしながら、水をためたボウルに落とし入れる。鍋にたっぷりの湯を沸かし、れんこんの水けをきって入れ、2分ゆでる。

2

ざるに上げて湯をよくきり、ボウルに入れ、甘酢を注ぐ。全体が漬かってなじんだら、甘酢ごと保存瓶に入れ、冷蔵室で1〜2日漬ける。

いつ作る?	通年
食べ頃	漬けてから2日後
保存方法	保存容器に入れて冷蔵室で
保存期間	3カ月〜半年

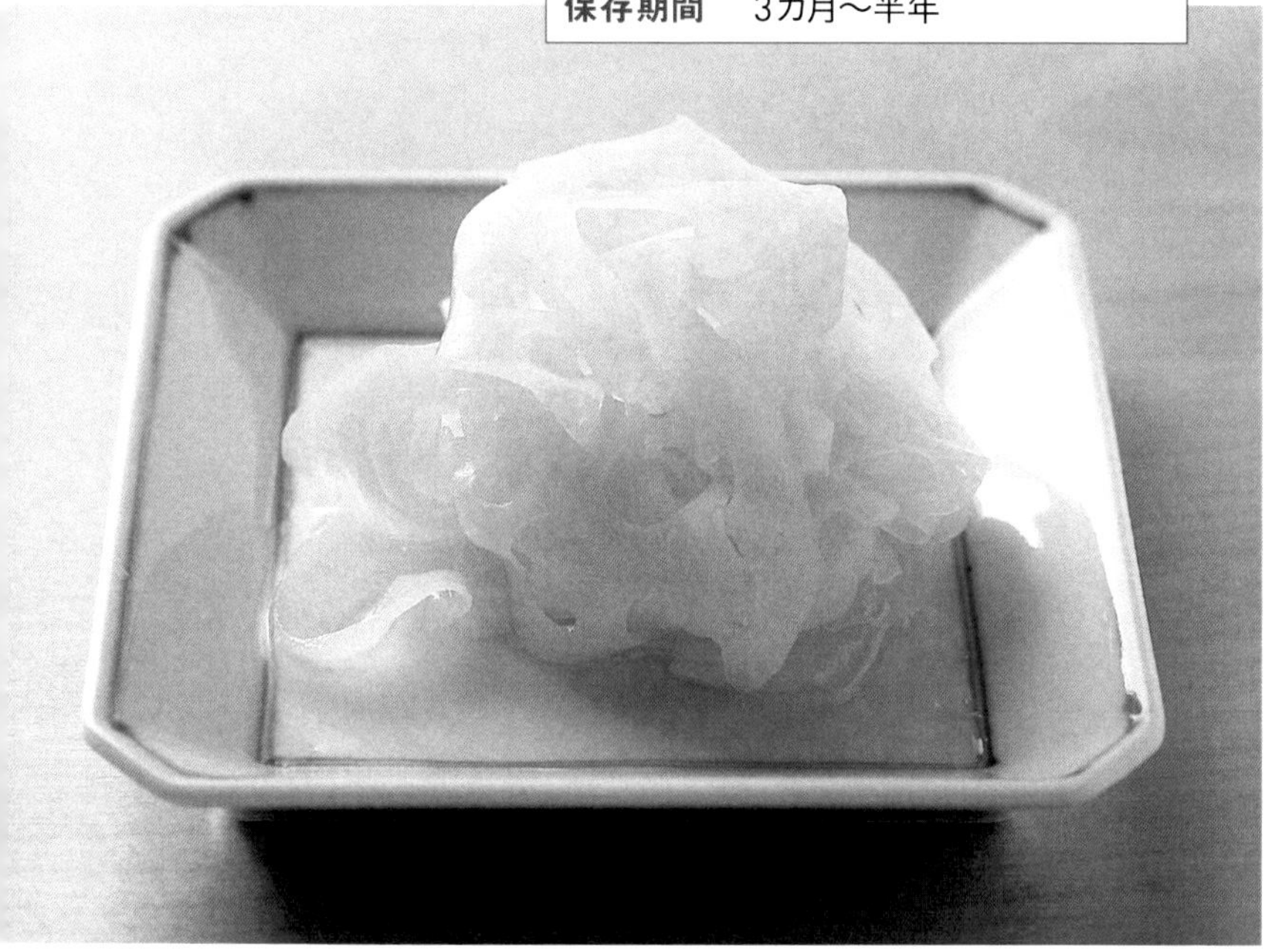

淡いピンクで料理の添え物に最適

みょうがの甘酢漬け

みょうがが安く出回る夏から秋に作るのがおすすめ。酢の作用でみょうがが発色して、きれいな漬け物ができ上がります。漬け始めは漬け汁にプカプカ浮くので、表面にラップをしばらくはりつけるのがコツです。

いつ作る?	通年(おすすめは夏〜秋)
食べ頃	漬けた翌日から
保存方法	保存容器に入れて冷蔵室で
保存期間	半年〜1年

材料(作りやすい分量)

みょうが…250g(5パック)
酢…1カップ
砂糖…100g
塩…小さじ1
ぬるめの湯…1/2カップ

必要な道具

保存瓶

1

甘酢を作る。鍋に酢を入れて火にかけ、煮立ったら、砂糖、塩を加えてとかす。火をとめて、ボウルに移してそのまま冷ます。別の鍋にたっぷりの湯を沸かしてみょうがを入れ、1〜2分ゆでる。ざるに上げて湯ををよくきる。

2

甘酢のボウルにぬるめの湯、みょうがを加えて、ラップを表面にはりつけるようにし、そのまま半日ほど漬ける。淡いピンクになったら、甘酢ごと保存瓶に入れる。

みょうがの甘酢漬けを使って

焼き魚の前盛り

あじの塩焼きを器に盛り、みょうがの甘酢漬けを縦半分に切って添える。ぶりの照り焼き、さわらのみそ漬けなどにもよく合う。

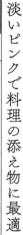

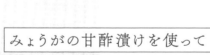

新しょうがの甘酢漬けを使って

いつもの酢の物の風味がぐんとアップ

オクラとトマトとしょうがのもずく酢

材料(2人分)

新しょうがの甘酢漬け…35g
トマト…½個
オクラ…1パック
もずく…120g
新しょうがの甘酢漬けの漬け汁…¼カップ
酢…大さじ1

作り方

1 トマトは角切りにする。オクラは塩少々（分量外）を加えた熱湯でさっとゆでて2㎜厚さの小口切りにする。新しょうがの甘酢漬けはせん切りにする。
2 ボウルに**1**ともずくを合わせ、甘酢漬けの漬け汁と酢も加えてまぜる。

れんこんの甘酢漬けを使って

さっぱりした甘酢れんこんが名脇役

ちらし寿司

材料(2人分)

米…540㎖（3合）
れんこんの甘酢漬け…50g
干ししいたけ…4個
にんじん…100g
A だし…180㎖
　砂糖…大さじ2
　しょうゆ…大さじ3
B 砂糖…大さじ½
　しょうゆ…大さじ½
油揚げ…3枚
C 砂糖…大さじ2½
　しょうゆ…小さじ2
薄焼き卵…卵2個分
さやいんげん（ゆでたもの）…4本
酢…大さじ4
薄口しょうゆ…大さじ1

作り方

1 米は炊く30分前に洗い、少し水を控えてかために炊く。干ししいたけはかぶるくらいの水につけてやわらかくもどし、軸を除いて薄切りにする。にんじんはせん切りにし、**A**の煮汁で煮てとり出す。
2 残った煮汁に**B**を加えてしいたけを煮て、しいたけをとり出し、にんじんと合わせる。
3 油揚げは熱湯をかけて油抜きし、短い辺を半分に切ってから細切りにする。**2**の残った煮汁に**C**を加えて油揚げを煮て、味を含ませる。
4 ごはんが炊き上がったら盤台か大きめのボウルに移し、酢と薄口しょうゆを合わせたものを振って切るようにまぜ、**2**、**3**を煮汁をきって加え、全体によくまぜる。器に盛り、れんこんの甘酢漬けを散らす。
5 薄焼き卵を細切りにしてのせ、さやいんげんを薄い斜め切りにして散らす。

シンプルな洋風漬け3種

いろいろピクルス

洋風漬けの特徴は、ローリエや粒こしょう、香味野菜などと一緒に漬け込み、香りよく仕上げること。保存瓶の中でスパイスとともに野菜が漬かる様子を眺めるのも、楽しみのひとつです。

酸味と甘みのバランスがいい

基本のピクルス

定番の甘ずっぱい味です。野菜はさっと下ゆでをして熱い液に漬けて味を含ませます。一晩おけば食べられますが、味がなじむのは3日目から。野菜は作る季節に出回っている旬のものでOK。色みや歯ごたえを考えて、好きなものを気軽にとり入れてみてください。

いつ作る?	通年
食べ頃	漬けてから3日後
保存方法	日の当たらない涼しい場所か冷蔵室で
保存期間	3カ月

材料(作りやすい分量)

にんじん…1本
ベビーコーン(生または瓶詰め)
…80g
小玉ねぎ…10個
セロリ…1本
A
酢…1¾カップ
水…1¼カップ
砂糖…100g
塩…大さじ1½
ローリエ…1〜2枚
粒こしょう(黒・白合わせて)
…小さじ1
シナモンスティック…½本

必要な道具

密閉式保存瓶

1 にんじんは4cm長さで1cm角の棒状に切る。ベビーコーンは汁けをきる。小玉ねぎは皮をむく。セロリは筋をとってにんじんと同様に切る。これらを塩少々(分量外)を加えた熱湯でさっとゆで、ざるに上げる。

2 ピクルス液を作る。鍋に**A**を合わせて火にかけ、煮立てて砂糖をとかす。

3 保存瓶に**1**の野菜を入れ、ピクルス液を熱いうちに加える。ふたをして冷ます。

基本のピクルスを使って

甘ずっぱさと豚肉は好相性

豚肉のピクルスソテー

材料(2人分)

基本のピクルス…好みの量
豚ロース肉
(しょうが焼き用)…200g
ピクルスの漬け汁…大さじ4
塩、こしょう、小麦粉
…各適量
サラダ油…小さじ1

作り方

1 豚肉は両面を軽く塩、こしょうを振って小麦粉を薄くまぶし、余分な粉ははたく。
2 フライパンにサラダ油を熱して**1**を広げ入れ、両面をこんがり焼く。
3 ピクルスと漬け汁を加え、大きくまぜながら中火で煮からめる。

1年たってもカリカリ

きゅうりのピクルス

きゅうりは塩水で下漬けしたあと、ピクルス液に漬けます。キリッと酸味がきいた、ハンバーガーについてくる、あの味わい。きゅうりは小さく切って漬けるよりも、カリカリが長もち。切り分けて食卓へ。

いつ作る?	通年(おすすめは夏)
食べ頃	漬けてから1週間後
保存方法	漬け上がったら冷蔵室で
保存期間	1年

材料(作りやすい分量)

きゅうり…1kg(約11本)
あら塩…60g
A
- 砂糖…60g
- 酢…250mℓ
- 水…100mℓ
- 粉こしょう…小さじ1
- にんにく(皮をむく)…2かけ
- 赤唐辛子…2本
- しょうが(薄切り)…3枚

必要な道具

・漬け物容器　・重し

1
鍋に水1ℓと塩を入れて火にかけ、煮立てて塩をとかし、熱いうちに、漬け物容器にきゅうりを並べ入れたところに注ぐ。軽く重しをし、涼しい場所か冷蔵室におく。

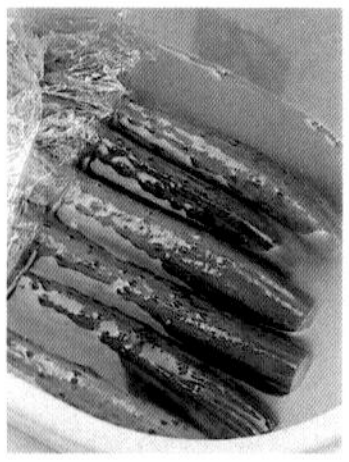

2
4〜5日後。きゅうりを塩漬けしたところ。きゅうりを出して洗い、水けをよくふき、保存容器に詰める。

3
鍋に**A**を合わせて火にかけ、煮立ったら火からおろし、熱いうちに**2**に注ぎ入れる。日の当たらない涼しい場所に1週間ほどおく。

おだやかな酸味

白ワインのピクルス

すっぱいのは苦手という人にぴったりのピクルス。酢で漬けずに、白ワインを使うため、あのツンとした酸味や香りはありません。ふつうのピクルスに比べて日もちしないので、早めに食べきって。

材料(作りやすい分量)

ズッキーニ…1本
パプリカ(赤・黄色)…各1個
マッシュルーム…1パック
A
- 白ワイン…2カップ
- 塩…小さじ2強
- 粒こしょう(黒・白合わせて)…小さじ1

オリーブ油…⅔カップ

必要な道具

密閉式保存瓶

1
ズッキーニは2cm厚さの輪切り、パプリカは一口大の斜め切り、マッシュルームは汚れをふいて、根元を切る。

2
鍋に**A**を合わせて火にかけ、煮立ったら野菜を加えて中火で3分煮る。

3
保存瓶に**2**を汁ごと入れ、オリーブ油を注ぎ入れる。ふたをしてそのまま冷まし、冷蔵室で漬ける。冷えるとオリーブ油が固まるので、室温においてもどして食べる。

いつ作る?	通年
食べ頃	漬けてから2〜3日後
保存方法	保存容器に入れて冷蔵室で
保存期間	1週間

PART

2

ジャム・果実酒

季節の新鮮な果実を使ったジャムや手作り酒。
自然の恵みをおいしく閉じ込めて楽しみましょう。

フレッシュ感を残したこだわりの作り方で

いちごジャム

春がきて手頃な価格になり、煮るのに最適な小粒のいちごが出回ってきたらぜひ作ってほしいのが、このいちごジャムです。いちごに砂糖をかけて出てきた水分を先に煮て、果肉はあとから加える、フランスで習ったとびきりおいしいこだわりの方法です。いちごは立派な大ぶりのものよりも、小さい粒のものを選んだほうが、赤が濃くきれいな色に仕上がります。

いつ作る?	3〜4月
食べ頃	1〜2カ月後
保存方法	開封前は暗く涼しい場所で、 開封後は冷蔵室で
保存期間	1年

材料（作りやすい分量）

いちご…2パック
（約500g）
グラニュー糖…325g
（いちごの65％）
レモン汁…大さじ1

※砂糖がいちごの重量の65％というのは、清潔な瓶に詰めて常温で1年もつ糖度です。
初めは甘いと感じますが、作って1か月ほどすると甘さがなじんで果物の香りも立ってきます。

必要な道具

・大きめのほうろう鍋かステンレスの鍋（アルミの鍋は酸に弱いので使えない）　・ジャム瓶　・あれば200℃の温度計

1

いちごはへたをとる。上部の白くなっている部分は煮てもかたいので、へたと一緒にとってしまうほうがよい。ボウルにためた水の中でやさしく洗い、ざるに上げて水けをきる。

2

キッチンペーパーでいちごの水けをふき、大きめのボウルに入れ、グラニュー糖を振ってざっとまぜ、ラップをかけて室温で一晩おく。

3

翌日の状態。いちごから水分が出ている。一度まぜて砂糖をとかしてから、別のボウルをあてたざるに通して、果肉と水分とに分ける。

4

鍋に**3**の水分だけを入れて強火にかける。煮立ったらアクを丁寧にすくいとる。

5

ときどきまぜながら、とろりとする（すくったときにたらたらと流れ落ちる感じ＝約110℃）まで煮詰める。

POINT

ジャムの状態を正確に知りたいときは

200℃まではかれる温度計があると、ジャムやお菓子作りに便利。ジャムをたらして状態を見極めるのではなく、正確な温度によってジャムの煮詰め具合がわかる。

6
3の果肉を加え、強火で煮立てる。

7
アクを丁寧にすくいながら、とろりとしてくる（約105℃）まで煮詰める。

8
火を弱め、全体の約7割を耐熱のゴムべらか木べらでざっくりとつぶす（つぶさないと、シロップの中にいちごが浮いた状態に）。

9
レモン汁を加え（酸味が強いいちごの場合は加えなくてもよい）、さっと煮て火を止める。

10
ジャム瓶は下記を参照して煮沸消毒する。軍手をした上からゴム手袋をはめ、瓶が熱いうちに、ジャムを先のとがったレードルですくい、瓶の口から約1cm下まで入れる。

11
ふたをして、瓶を逆さにして冷めるまでおく。
＊手作りジャムはどれも、冷めれば食べられるが、1〜2カ月たったくらいが、砂糖と果物の味がなじんで食べ頃に。

＼POINT／

ジャム瓶の沸騰消毒の方法
大きめの鍋にジャムの瓶を入れてかぶるくらいの水を入れ、煮立ってから10分ほど煮沸する。ふたも入れてさらに3分煮沸し、きれいなふきんの上に伏せて水けをきる。

いちごジャムを使って

パンにぬるだけでなく、おやつや煮込み料理のソースとしても活躍。

サクサクの生地にジャムをかけて

いちごのアメリカンショートケーキ

材料（2人分）

いちごジャム…大さじ4
A 強力粉…40g
　薄力粉…45g
　砂糖…大さじ$1\frac{1}{2}$
　ベーキングパウダー…小さじ1
　塩…少々
バター（食塩不使用・1cm角に切る）…30g
生クリーム…大さじ4
B 生クリーム…$\frac{1}{4}$カップ
　砂糖…小さじ1
いちご（小）…10個
強力粉（打ち粉用）…適量

作り方

1 ボウルに**A**を合わせてふるい入れ、バターを加え、フォークでさらさらのそぼろ状になるまでよくまぜる。生クリームを加え、粉けがなくなる程度に一つにまとめる（または、フードプロセッサーに**A**とバターを入れて回し、そぼろ状になったら生クリームを加えて10秒回す）。ラップで包んで冷蔵室で30分ねかせる。
2 台に打ち粉をし、生地を麺棒で2cm厚さにのばす。抜き型またはコップで6cmと7cmの円形に2枚ずつ抜く。天板にオーブン用シートを敷いて**2**を並べ、210℃のオーブンで15分焼き、あら熱をとる。
3 ボウルに**B**を入れて、とろりとするまで泡立てる。いちごは縦半分に切る。
4 **2**を大小1組にして器にのせ、いちご半量と大さじ1のジャムをはさむ。**3**のクリームをのせ、大さじ1のジャムをかける。もう1つも同様にする。

肉に甘ずっぱいソースが合います

豚ヒレ肉のロースト　いちごソース

材料（作りやすい分量）

いちごジャム…大さじ3
豚ヒレ肉…180g
赤ワイン…$\frac{1}{2}$カップ
バター…小さじ1
塩、こしょう、小麦粉…各適量
サラダ油…小さじ1

作り方

1 豚肉は、全体に塩、こしょうを振って、小麦粉を薄くまぶす。
2 フライパンにサラダ油、バターを入れて熱し、豚肉を入れて全体をきつね色に焼く。赤ワインを加え、強火で煮立ててアルコールを飛ばす。
3 いちごジャム、水$\frac{1}{4}$カップを加えて煮る。塩、こしょうで味をととのえ、煮立ったらふたをして弱火にし、8分ほど煮たら火を止め、そのまま10分おく。
4 肉を切って器に盛り、鍋に残ったソースをあたためてかける。

ほんのり甘ずっぱく、くせがない味わい

あんずジャム

いちごジャムと同様、一晩おいて出た水分だけを先に煮詰める方法です。初めから全部一緒に煮るよりも、フルーツの香りやフレッシュ感を楽しめ、発色よくつやも出ます。煮上がったら種の中にある杏仁も加えて、香り高く仕上げましょう。生のあんずは6月中旬～7月中旬に出回ります。時期を逃さないよう、できればお店に頼んでおきましょう。

いつ作る?	6月中旬～7月中旬
食べ頃	1～2カ月後
保存方法	開封前は暗く涼しい場所で、開封後は冷蔵室で
保存期間	1年

材料(作りやすい分量)

あんず…700g(正味620g)
グラニュー糖…400g
(あんずの正味65%)

必要な道具

・大きめのほうろう鍋　・ジャム瓶
・あれば200℃の温度計

1
あんずは包丁で切り込みを入れ、手で割って種を出す。種はとっておく。果肉(これが正味になる)をボウルに入れ、グラニュー糖を振りかけて一晩おく。

2
一晩たつと水分が出るので、別のボウルをあてたざるでこし、果肉と水分とに分ける。

3
水分を鍋に入れて煮る。煮立ったらアクを丁寧にとり、とろりとする(すくったときにたらたらと流れ落ちる感じ=約110℃)まで煮詰める。

4
果肉を加え、アクを丁寧にすくいながら、再びとろりとしてくる(約105℃)まで煮詰める。

5
火を弱め、全体の約7割を耐熱のゴムべらか木べらでつぶす。

6
1でとっておいた種を割り、中の白い部分(杏仁)を10個とり出す。ゆでて皮をむいて煮上がったところに加える。p.58を参照して瓶に詰める。

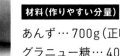

梅ジャム

さわやかな酸味、すっきりした甘さが特徴

今回は梅干しを漬ける梅と同じ「黄梅」で作りましたが、梅酒を漬けるときの「青梅」でも同じ作り方でできます。どちらも酸味が特徴のジャムですが、甘い梅の香りを楽しみたいなら黄梅、よりフレッシュなすっぱさを楽しみたいなら青梅と、好みが分かれるところです。

いつ作る?	6月(青梅は上旬、黄梅は中旬)
食べ頃	1〜2カ月後
保存方法	開封前は暗く涼しい場所で、開封後は冷蔵室で
保存期間	1年

材料(作りやすい分量)

黄梅… 1kg(正味840g)
グラニュー糖… 700g

必要な道具

・大きめのほうろう鍋　・ジャム瓶　・あれば200℃の温度計

1
黄梅は洗って水けをふき、なり口を竹串を使って除く。鍋にたっぷりの水とともに入れて火にかけ、煮立ったら2〜3分ゆでてからいったんざるに上げてゆでこぼす。もう一度鍋に入れて水½カップを注ぎ、ふたをして梅がやわらかくなるまで中火で煮る。

2
火を止め、手が入れられるくらいの温度まで冷まし、ゴム手袋をして、梅を握りつぶしながら種を除く。

3
果肉だけになったら、グラニュー糖を加え、ふつふつと煮立つくらいの火かげんで、ふたをせずにアクをすくいながら煮る。

4
全体がとろりとする(すくったときにたらたらと流れ落ちる感じ=約110℃)まで煮詰める。p.58を参照して瓶に詰める。

梅ジャムを使って

梅の香りと甘さをプラス

ヨーグルトの梅ジャムソース

プレーンヨーグルトに梅ジャムをかけて。ジャムがかたいときは、湯少々で好みのやわらかさにのばしても。

あざやかな紫の色合いが美しく、やさしい味

チェリージャム

5〜7月に出回るアメリカンチェリーで作ります。煮るときに種を加えると香りがぐんとよくなるので、とった種は捨てずにガーゼで包んで一緒に煮てください。果肉が十分にやわらかくなったら実をいったんとり出し、砂糖を加えて煮るのがポイントです。

いつ作る?	5〜7月
食べ頃	1〜2カ月後
保存方法	開封前は暗く涼しい場所で、開封後は冷蔵室で
保存期間	1年

材料(作りやすい分量)

アメリカンチェリー
…約1kg(正味500g)
グラニュー糖…380g
(アメリカンチェリー正味の65%)
レモン汁…½個分

必要な道具

・大きめのほうろう鍋
・ジャム瓶

1
アメリカンチェリーは洗って水けをふき、へたを除き、種はペティナイフ(あれば種抜き器)で除く。

2
鍋に果肉を入れる。種はガーゼで包んで口をしっかりしばって止め、鍋に一緒に入れる。ひたひたの水を加えて強火にかけ、煮立ったら弱めの中火で10分ほど、皮がやわらかくなるまで煮る。

3
種をとり出し、鍋の中身をボウルをあてたざるでこして、果肉と水分とに分ける。

4
水分だけを鍋に戻し、グラニュー糖を加えて中火で煮る。煮立ったらアクを丁寧にすくいとる。

5
とろりとする(すくったときにたらたらと流れ落ちる感じ=約110℃)まで煮詰まったら果肉を戻し、5分ほど煮る。

6
再びとろりとしてくる(約105℃)まで、ときどきアクをとりながら煮詰める。

7
火を弱め、全体の約7割を耐熱のゴムべらか木べら、またはハンディ式ミキサー(バーミックスなど)でつぶす。火を止めてレモン汁を加え、p.58を参照して瓶に詰める。

ブルーベリージャム

さわやかな酸味、すっきりした甘さが特徴

鍋にブルーベリーと砂糖を入れて火にかけて煮るだけ。水は加えません。焦がさないよう火かげんにだけ注意すれば、煮ている間に水分が出て砂糖がとけてなじみ、とろりとしたツヤのあるジャムができ上がります。仕上げにレモン汁を加えると、味がぎゅっと締まります。

材料（作りやすい分量）

ブルーベリー…500g
グラニュー糖…320g
（ブルーベリーの重量の65％）
レモン汁…½個分

必要な道具

・大きめのほうろう鍋
・ジャム瓶

いつ作る？	5〜6月
食べ頃	1〜2カ月後
保存方法	開封前は暗く涼しい場所で、開封後は冷蔵室で
保存期間	1年

1
ブルーベリーは洗って水けをよくふき、鍋に入れてグラニュー糖を加え、中火にかける（水は入れない）。

2
ブルーベリーから水分が出て、砂糖が自然にとけてなじんでくる。アクが出たら丁寧にすくいとる。

3
とろりとする（＝約105℃）まで煮詰まったら火を止め、レモン汁を加える。p.58を参照して瓶に詰める。

POINT

ジャムの保存について

ジャムは熱いうちに瓶に詰めて、逆さにして冷ますことで脱気できます。開封しなければ、日の当たらない涼しい場所で半年〜1年は日もちします。開封後は冷蔵室へ。作りたてより1〜2カ月おいたほうが、砂糖がなじんでおいしくなります。

オレンジマーマレード

すべてをこまかくして作るフランス式の方法で

国産オレンジで作るマーマレードです。皮も使うマーマレードは、まるごとゆでてから、水に一晩ほどさらして余分な苦みを抜くのが特徴。さらし具合は好みです。長くさらせば苦みは抜けますが、風味もなくなってしまうので注意してください。かんきつ類はどれもこの作り方でできるので、同じようにして、はっさくや夏みかんのマーマレードにも応用してみてください。

材料（作りやすい分量）

ネーブルオレンジ（国産）… 3個（約600g）
グラニュー糖… 390g（オレンジの重量の65％）

必要な道具

・大きめのほうろう鍋　・ジャム瓶

いつ作る？	2〜4月
食べ頃	1〜2カ月後
保存方法	開封前は暗く涼しい場所で、開封後は冷蔵室で
保存期間	1年

1

オレンジは皮のごく表面をおろし金でおろして、ワックスや汚れを除く。こうすると仕上がりがやわらかくなるうえ、庭で採れたもののような皮にサビの出たものでもきれいなジャムに。

2

鍋に**1**とたっぷりの水を入れて強火にかけ、沸騰したら中火で30分、ふたをして煮る。

3

オレンジを水にとって2時間から一晩おいてさらし、余分な苦みを除く。

オレンジマーマレードを使って

ジャムの甘みを生かしたおやつ

マーマレードのカップケーキ

材料（アルミカップ10個分）

オレンジマーマレード…100g
バター（食塩不使用）…100g
卵…2個
薄力粉…100g
ベーキングパウダー…小さじ1

作り方

1 大きめのボウルにバターを入れ、湯せんにかけてとかす。卵を割りほぐして加え、泡立て器でまぜる。オレンジマーマレードを加えてさらにまぜる。

2 薄力粉とベーキングパウダーを合わせてふるいながら加え、ゴムべらで粉けがなくなるまでさっくりまぜる。

3 アルミカップに分け入れ、160℃に予熱したオーブンで15分ほど焼く。

4
横半分に切り、ざるをあてたボウルの上でしぼる。果汁としぼった皮の部分を使う。種は捨てる。

5
皮は適当な大きさに切って、果肉についた袋のかたい部分は除く。

6
フードプロセッサーに軽くかけてみじん切りの状態にする。包丁でこまかく刻んでもよい。

7
鍋に**4**の果汁とグラニュー糖を入れ、中火でとろりとする（たらすとリボン状に落ちるくらい＝110℃）まで煮詰める。

8
6を加えて、さらに10分ほど煮る。p.58を参照して瓶に詰める。

韓国では〝ゆず茶〟として人気

ゆずのはちみつ漬け

いつ作る？	11〜1月
食べ頃	漬けた翌日から
保存方法	保存容器に入れて冷蔵室で
保存期間	半年

火も使わず、ゆずを皮ごと刻んだら、はちみつに漬けるだけ。作っておけば、お茶うけに、ホットドリンクにお菓子作りにとても重宝します。ゆずのかたい部分や筋は口あたりが悪くなるので、丁寧に切り落としましょう。漬けた翌日から食べられるのもうれしいところです。

そのままお茶うけとしておやつ感覚で食べられます。体にもいいので、冬の香りを長い期間楽しんで。

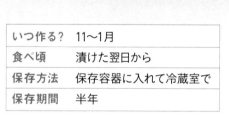

ゆずのはちみつ漬けを使って

湯やソーダでわってのむほか、ヨーグルトやアイスクリームとも好相性。

ほっと心がなごみます

ゆず茶

材料（1人分）

ゆずのはちみつ漬け…大さじ1
熱湯…⅔カップ

作り方

温めた湯飲みにゆずのはちみつ漬けを入れ、熱湯を注いでよくまぜる。ゆずの皮や果肉もそのまま味わって。

生地にゆずをねり込んで

ゆずの吹雪まんじゅう

材料（10個分）

ゆずのはちみつ漬け（あらみじん）…大さじ2
あん（市販）…300g
砂糖…45g
薄力粉…80g
ベーキングパウダー…小さじ½

作り方

1 あんは10等分して丸める。
2 ボウルに砂糖と水大さじ2を入れてよくまぜ、ゆずのはちみつ漬けを加える。薄力粉とベーキングパウダーをふるいながら加え、ゴムべらでさっくりまぜる。
3 打ち粉（分量外）をした台にのせて10等分し、薄くのばしてところどころ穴をあけ、**1**を包む。
4 3cm角に切ったオーブン用シートの上に1個ずつのせる。蒸し器に入れ、全体に霧吹きで水を吹きかけてからふたをし、強火で8〜10分蒸す。

材料（作りやすい分量）

ゆず…2個（約200g）
はちみつ…1カップ

必要な道具

保存容器

1 ゆずは横半分に切って、かたい部分や筋を切り落とす。種を除きながら皮つきのまま薄く切り、大きければ食べやすくざく切りにする。

2 保存容器にゆずを入れてはちみつを加え、ひたるようにしてふたをし、室温に約1日おく。半日ほどたってはちみつがゆるんできたら食べられる。

栗の渋皮煮

お茶うけやお菓子作りに

お菓子作りに利用しやすいよう、香りづけにコニャックとバニラビーンズを加えてフランス風に仕上げました。冷蔵室で2カ月もちますが、それ以上もたせたいときは1カ月ごとに煮返して、栗とシロップを分け、シロップを煮立たせてから栗を戻し入れ、煮立てないように静かに中まで熱くし、冷ましてから保存してください。

材料（作りやすい分量）

栗…1kg（正味900g）

A
- 水…750mℓ
- グラニュー糖…540g
- バニラビーンズ…1本

重曹…小さじ1

コニャック…50mℓ

必要な道具

密閉式保存瓶

いつ作る？	9〜10月
食べ頃	漬けて1週間後から
保存方法	保存容器に入れて冷蔵庫で
保存期間	2カ月

1

栗は鬼皮をむく。栗むき器があれば使い、なければペティナイフで。中の渋皮をできるだけ傷つけないようにむく。

写真は悪い例。渋皮が傷ついてしまうと、漬けている間にシロップが濁ったり、煮くずれたりする原因になるので注意して。

2

むいた栗を鍋に入れ、かぶるくらいの水と重曹を加えて強火にかける。煮立ったら、軽くぐつぐついう火かげんにして3分ほど煮る。

3

ざるに上げ、冷水につける。渋皮を手でこすってぬめりをとり、ペティナイフや竹串で渋皮の太い筋などを除く。ざるに上げて水けをきる。

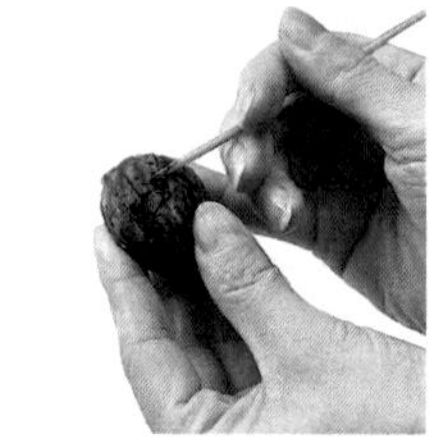

栗の渋皮煮を使って

冷凍パイシートを使って豪華なおやつに

簡単マロンパイ

材料(4人分)

栗の渋皮煮…4個
市販の冷凍パイシート(20×20cm)…1枚
グラニュー糖…大さじ2

作り方

1 冷凍パイシートは冷蔵室に少しおいてかためにもどす。グラニュー糖を振った台の上におき、グラニュー糖を押しつけるようにしながら麺棒で軽くのばす。
2 4等分し、四隅を中央に向かってそれぞれ三角形に折る。
3 中央に栗の渋皮煮をのせて軽く押しつけ、オーブン用シートを敷いた天板に並べる。200℃に予熱したオーブンで15分焼き、180℃に下げてさらに10分焼く。

4
栗を鍋に入れ、かぶるくらいの水を加えて火にかける。**2**と同様に、煮立ったら3分ほど煮て、もう一度冷水につける。

5
ときどき水をかえながら、7〜8時間水にさらす。その後、一粒ずつ丁寧に、ペティナイフや竹串で渋皮をこする。

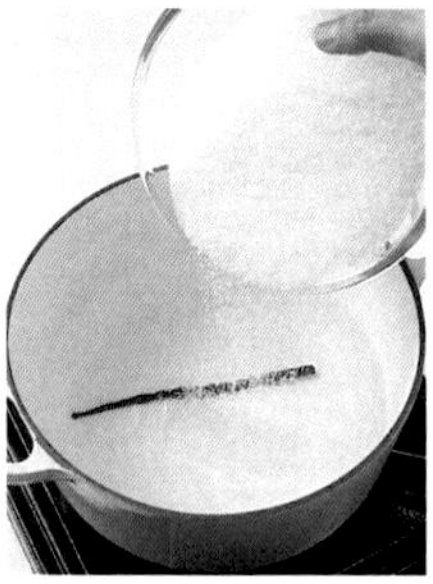

6
鍋に**A**を入れて火にかけ、シロップを作る。

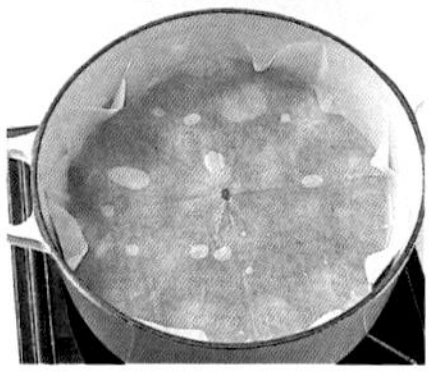

7
5の栗を水けをきってから加え、オーブンペーパーなどで落としぶたをし、煮立てないように弱火で静かに30分ほど煮る。

8
煮えたら火を止め、そのまま冷めるまでおく。風味づけにコニャックを加え、保存瓶に入れる。

いちごシロップ

あざやかな色と甘い香りは、子どもたちに大人気

材料(作りやすい分量)

いちご…200g
グラニュー糖…100g

必要な道具

保存瓶

1
いちごはへたをちぎって洗う。鍋に水½カップとともに入れ、強火にかける。

2
煮立ったら火を弱め、いちごの色が抜け、きれいな赤い色が水に移るまで煮て、グラニュー糖を加える。

3
ボウルをあてたざるにキッチンペーパーを敷いてこし、果肉とシロップとに分ける。

4
押さえつけて無理にしぼったりせず、冷めるまでそのままおいて自然に汁けがきれるのを待つ。シロップだけを冷ましてから保存瓶に入れる。残った果肉は新しいいちごとともに煮てジャムにしても。

いつ作る?	3〜4月
食べ頃	作った日から
保存方法	日の当たらない涼しい場所か冷蔵室で
保存期間	3カ月

いちごを水から煮て、その色と香りを湯に移し、砂糖を加えて作ります。残念ながら残ったいちごの果肉はおいしくありません。言うなれば、自家製〝いちご味のかき氷シロップ〟。価格が安いジャム用のいちごを使って春に作れば、夏じゅう楽しめます。炭酸水でわったり、お菓子作りに利用したりしてもおいしいです。

いちごシロップを使って

ふるふるのやわらか食感

いちごゼリーのミルクがけ

材料(2人分)

いちごシロップ…100mℓ
粉ゼラチン…2.5g
牛乳…60mℓ

作り方

1 耐熱容器に水大さじ1を入れ、粉ゼラチンを振り入れてふやかし、ラップをかけずに電子レンジ(500W)で20秒加熱してとかす。
2 いちごシロップと水50mℓを加えてよくまぜてとかし、型や器に入れて冷蔵室で冷やし固める。
3 固まったら牛乳をかけ、まぜながら食べる。

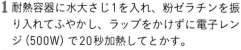

清涼感いっぱい！　すっきりしたハーブの香り

ミントシロップ

ミントの香りと色を湯に移して砂糖を加えたシロップです。ミントはスーパーで一年じゅう手に入りますが、やはり色も香りも強い夏のミントで作ったほうがおいしくできておすすめです。沸騰した湯にミントを入れたら火を止めてふたをし、蒸らしながらエキスをゆっくり抽出するのがコツです。

材料（作りやすい分量）

ミントの葉
…1パック（30g）
グラニュー糖…170g

必要な道具

保存瓶

いつ作る？	通年（おすすめは6〜8月）
食べ頃	作った日から
保存方法	日の当たらない涼しい場所か冷蔵室で
保存期間	1〜2カ月

1
ミントはきれいに洗って、清潔なふきんで水けをよくふく。鍋に水1カップを入れて火にかけ、煮立ったらミントを加え、すぐに火を止める。

2
ふたをして、そのまま10分ほど蒸らし、ミントの色と香りを湯に移す。

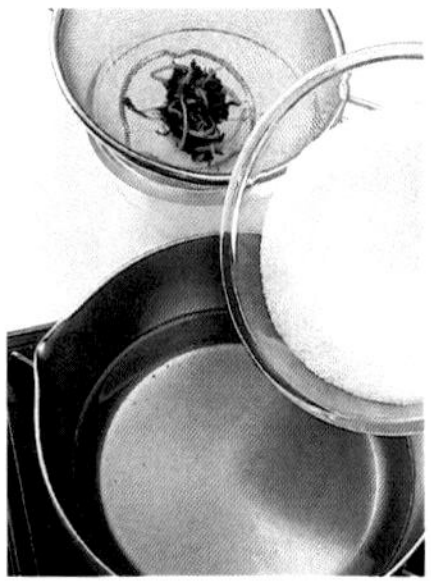

3
ボウルをあてたざるに**2**を入れてこし、よくしぼる。水分のほうを鍋に戻し、グラニュー糖を入れてとけるまで煮立て、火を止める。冷ましてから保存瓶に入れる。蒸らした葉を少し入れても。

ミントシロップを使って

フランスのカフェの定番ドリンク

マンタロー

材料（2人分）

ミントシロップ…大さじ2
氷…適量

作り方

グラスに氷とミントシロップを入れ、水180mℓを注いでよくまぜる。あればミントの葉を添える。

いつ作る?	10〜11月
食べ頃	3カ月後
保存方法	日の当たらない 涼しい場所か冷蔵室で
保存期間	半年

材料(作りやすい分量)

かりん… 2個(約700g)
砂糖… 700g

必要な道具

密閉式保存瓶

せき止めやのどのケアにおすすめ

かりんの砂糖漬け

砂糖漬けといっても、かりんそのものを食べるのではなく、シロップを湯にとかして飲みます。かりんのエキスはのどの調子をととのえるといわれています。

かりんの砂糖漬けを使って

体ぽかぽか、かぜのときにも

かりん茶

できたシロップを水や湯で薄めて飲む。
韓国ではとてもポピュラーな飲み方です。

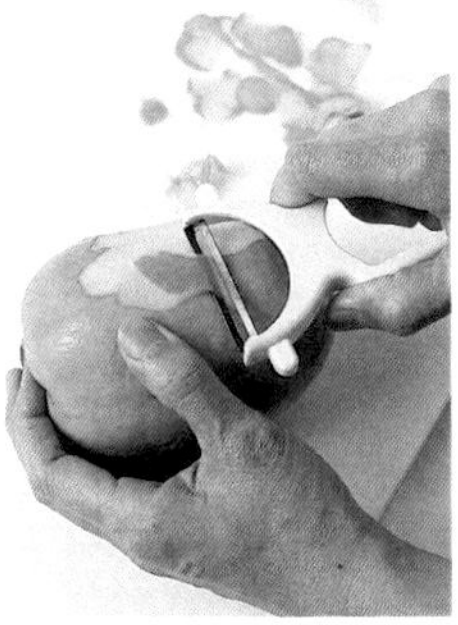

1

かりんは洗ってきれいにふき、ピーラーで皮をむく（皮はかたいのでピーラーが便利）。

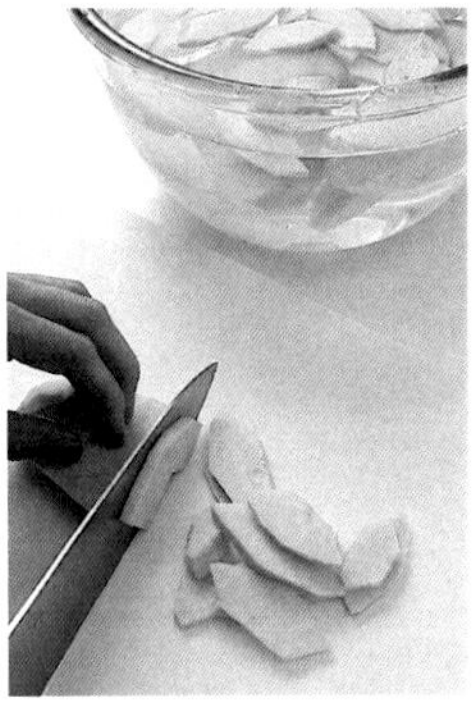

2

縦4等分に切って種を除き、薄いいちょう切りにする。切る端から、水1/2カップに対して塩小さじ1（分量外）を入れた塩水に入れる。1～2時間ひたしてアクを抜く。

3

水けをよくきり、焼酎（分量外）を吹きかけた保存瓶に砂糖と交互に詰める。全部詰めたら、ふたにも焼酎（分量外）を吹きかけ、ふたをする。砂糖が完全にとけたら飲み頃。

しょうがシロップ

体を温めるしょうがの薬効がうれしい

しょうがを煮出した汁に砂糖を加え、しょうがの薄切りとともに保存瓶に注ぎ入れます。ピリリとした独特の刺激はクセになる味わい。炭酸でわれば自家製ジンジャエール、お湯でわれば、温かいしょうが茶になります。

いつ作る？	通年
食べ頃	作った日から
保存方法	冷蔵室で
保存期間	2〜3カ月

材料（作りやすい分量）

しょうが（皮をむいて）
…正味100g
砂糖…170g
＊ひねしょうがで作るのがおすすめです

必要な道具

密閉式保存瓶

1

しょうがは2㎜厚さに切って鍋に入れ、水1カップを加える。煮立ったら、しょうががやわらかくなるまでふたをして10分ほど煮る。砂糖を加え、とけるまでまぜながらひと煮立ちさせ、火を止める。冷めるまでそのままおく。

しょうがシロップを使って

煮出したしょうががおしゃれなおやつに

しょうがのチョコレートがけ

材料（約20杯分）

しょうがシロップから
とり出したしょうが…20切れ
コーティング用チョコレート
…50g
製菓用チョコレート（スイート）
…50g

作り方

1 しょうがは半日ほどざるに上げて乾かす。
2 ボウルにコーティング用チョコレートと製菓用チョコレートを合わせてとかし、1を箸などでつまんでくぐらせ、オーブンシートに並べ、冷蔵室で冷やし固める。

冬の健康ドリンクの定番

しょうが茶

しょうがシロップ大さじ2に熱湯180㎖を注ぐ。氷を入れて炭酸水でわると、手作りジンジャーエールに。

美しいルビー色と甘ずっぱい味わい

ざくろ酒

色の美しさはもちろん、女性ホルモンを活発にする成分があるということで注目のざくろ。実の大きなアメリカ産などの輸入物は甘みが強く、酸味が少なくておいしく仕上がります。できたてはあざやかな赤色ですが、時間がたつと深く落ち着いた色みに変わります。そのまま飲んだり、ソーダわりやお湯わりでも。ぜひ気軽に挑戦してみてください。

いつ作る？	9〜11月
食べ頃	2カ月後から
保存方法	日の当たらない涼しい場所で
保存期間	何年でも

材料（作りやすい分量）

ざくろ…1個（正味200g）
氷砂糖…100g
焼酎（ホワイトリカーなど）
…450mℓ

必要な道具

密閉式保存瓶

1
ざくろは手で割って、中の種子（赤い粒々の部分）をとり出す。指先でほぐすようにするとやりやすい。

2
保存瓶に氷砂糖、種子を入れ、焼酎を注ぐ。

3
ふたをして日の当たらない涼しい場所におく。2カ月たったら飲み頃。漬けてから3カ月以上たったらこし、種子は除く。

いつ作る？	通年
食べ頃	3週間後から
保存方法	日の当たらない涼しい場所
保存期間	1年

ほんのり甘くて香りの高いリキュール

コーヒー酒

作り方はとても簡単なのに香りがよく、そのまま食後酒や、お菓子作りにも利用できるので、応用範囲が広いお酒です。冬の寒い夜、コーヒーやホットミルクに加えると体がぽかぽかに。おもてなしにも喜ばれます。果実酒のように何カ月も待たなくても、3週間ででき上がるのも魅力です。

材料（でき上がり約450mℓ）

コーヒー豆（できれば深煎りのもの）… 80g
グラニュー糖… 150g
焼酎またはホワイトリカー… 450mℓ

必要な道具

密閉式保存瓶

1
保存瓶にコーヒー豆、グラニュー糖を入れる。

2
焼酎を注ぎ入れ、ふたをして、日の当たらない涼しい場所におく。

コーヒー酒を使って

心もなごむ冬においしいドリンク

ホットカルーアミルク風

材料(2人分)

コーヒー酒…大さじ2
牛乳… 1カップ

作り方

牛乳を温めて、コーヒー酒を加える。好みではちみつや砂糖で甘みを加えても。

市販のアイスが大人のデザートに

コーヒーリキュールアイス

材料(2人分)

コーヒー酒…適量
市販のカステラ… 2切れ
市販のバニラアイスクリーム…適量
チョコレート菓子…適量

作り方

器にカステラを小さく切って盛り、バニラアイスクリームをスプーンなどで丸くすくってのせる。チョコレート菓子を飾り、コーヒー酒をかける。

干しぶどう酒

甘い香りのお酒に。ラムレーズンとしても

食後酒として飲んでも、レーズンを食べても、ほろっと上品な香りが心地よく、ラムレーズンとしてお菓子作りにも大活躍してくれます。私はいろいろな果実酒を作っていますが、これほど使えるお酒はほかにはないと思っています。バターとまぜてレーズンサンドを作ったり、それをバゲットにのせたりしても絶品です。クッキー生地やホットケーキにちょっと加えると、たちまち華やぎます。干しぶどうはできれば2種類くらいまぜると、よりおいしくできます。

いつ作る?	通年
食べ頃	3週間後から
保存方法	日の当たらない涼しい場所で
保存期間	1年

材料(作りやすい分量)

干しぶどう(グリーンレーズンや
　サルタナレーズンなど)… 250g
ラム酒… 2カップ

必要な道具

密閉式保存瓶

1

干しぶどうはぬるま湯につけて洗う。ざるに上げて、キッチンペーパーで水けをよくふく。

2

保存瓶に入れ、ラム酒を注ぐ。ふたをして、日の当たらない涼しい場所におく。

干しぶどう酒を使って

香り高い本格的な味わいに

パウンドケーキ

材料（9×24×高さ6cmのパウンド型1台分）

干しぶどう酒…大さじ2
干しぶどう酒に使ったレーズン
…180g
バター（室温にもどす）…150g
グラニュー糖…120g
卵…3個
薄力粉…200g
ベーキングパウダー
…小さじ½
ドレンチェリー…180g
干しあんず（4等分に切る）
…100g
ドライプルーン
（4等分に切る）…50g

作り方

1 薄力粉とベーキングパウダーは合わせてふるう。
2 ボウルにバターを入れて泡立て器でクリーム状にねり、グラニュー糖を加えて白っぽくなるまですりまぜる。卵を1個ずつ加え、そのつどよくまぜる。
3 **1**を加え、干しあんず、ドライプルーン、レーズン、ドレンチェリーを加え、ゴムべらで粉けがなくなるまでさっくりとまぜ合わせる。
4 オーブンシートを型に合わせて敷き、**3**を流し入れて平らにととのえる。250℃に予熱したオーブンに入れ、すぐに180℃に温度を下げて1時間焼く。竹串を刺してみて、生地がついてこなければ焼き上がり。すぐに刷毛で干しぶどう酒を塗る。あら熱がとれたらラップで包んで冷暗所におき、3日ほどで食べ頃。焼いてから1カ月ほど日もちする。

市販のビスケットで手軽に

レーズンビスケットサンド

材料（8個分）

干しぶどう酒に使ったレーズン…80g
市販のビスケット…16枚
バター（室温にもどす）…20g
粉砂糖…20g
バニラエッセンス（あれば）…少々
生クリーム…¼カップ
湯…小さじ1

作り方

1 ボウルにバターを入れて泡立て器でクリーム状にねり、粉砂糖と湯を加えてよくまぜる。
2 別のボウルに生クリームを入れ、泡立て器で角が立つくらいまで泡立てる。
3 **1**に**2**とバニラエッセンスを加えてよくまぜる。
4 ビスケットを2枚1組にし、**3**のクリームとレーズンをはさむ。

グレープフルーツ酒

さわやかな香りと飲み心地

グレープフルーツは一年じゅう出回っているので、いつでも作れるとても手軽な果実酒です。今回はレモンも加えて清涼感をアップ。焼酎にグレープフルーツの香りなので、いわばチューハイ感覚。漬けているときの瓶の姿もかわいいので、待つ時間も楽しいですね。

いつ作る？	通年
食べ頃	2カ月後から
保存方法	日の当たらない涼しい場所で
保存期間	何年でも

材料（作りやすい分量）

グレープフルーツ…1個（正味250g）
氷砂糖…100g
レモン…1個
焼酎（ホワイトリカーなど）…450mℓ

必要な道具

密閉式保存瓶

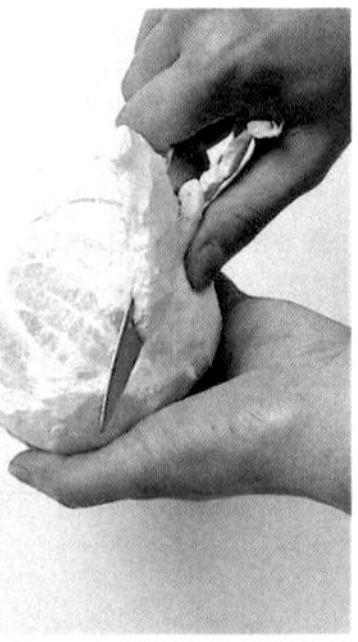

1

グレープフルーツは皮をむく。白い皮の部分は苦みが出るので、できるだけ残さないよう、薄皮を破らず、ナイフで丁寧にむいて、横半分に切る。

2

レモンもグレープフルーツ同様に皮をむいて、2〜3等分の輪切りにする。保存瓶にグレープフルーツ、レモン、氷砂糖を入れる。

3

焼酎を注ぎ、ふたをして日の当たらない涼しい場所におく。2カ月たったら飲み頃。漬けてから3カ月たったら、果肉はしぼって除き、こす。

あんず酒

香りのよいかわいいお酒

果実酒の中でも香りのよさで人気の高いお酒です。クセがなくて飲みやすく、ロックやストレートで飲んだり、炭酸でわったりして楽しめます。あんずは初夏の短い間しか出回らないので、時期を逃さないように。お店にあらかじめ頼んでおくとよいでしょう。

材料(作りやすい分量)

あんず…5〜6個(約280g)
レモン…1個
グラニュー糖…100g
焼酎(ホワイトリカーなど)…450mℓ

必要な道具

密閉式保存瓶

いつ作る?	6月中旬〜7月中旬
食べ頃	2カ月後から
保存方法	日の当たらない涼しい場所で
保存期間	何年でも

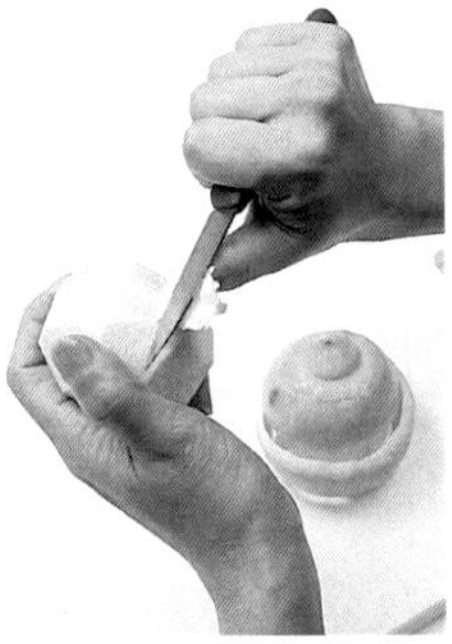

1

レモンは皮をむく。白い皮の部分もできるだけ丁寧にむき、横半分に切る。

2

あんずは洗って水けをよくふき、なり口は竹串などを使って除く。保存瓶にあんず、レモン、グラニュー糖を入れる。

3

焼酎を注ぎ、ふたをして日の当たらない涼して場所におく。2カ月たったら飲み頃。漬けてから3カ月たったらレモンはしぼってこし入れ、半年たったら、あんずの果肉は除く。

飲んで健康、リラックス効果も

手作り薬用酒

ハーブや香辛料、野菜などで一年じゅう作れて、健康に役立つお酒を、と考えてみました。洋風薬用酒は香りと色合いを大切に、中華風は、身近な食材で薬用酒的な味わいが出るように工夫してみました。

サフランを入れて美しい色に

洋風薬用酒

香りがよくて、ちょっとおしゃれな健康酒です。サフランを入れたのがポイントで、オレンジのきれいな色になります。にんにくやセロリと一緒にハーブを漬け込みます。比較的飲みやすく、飲むと体が温まります。

いつ作る?	通年
食べ頃	3カ月後
保存方法	暗く涼しい場所で
保存期間	何年でも

材料(作りやすい分量)

サフラン…小さじ⅓
シナモンスティック…1本
にんにく…2かけ
ローズマリー…1枝
セロリ…5㎝
バニラビーンズ…½本
乾燥バラの花
　(ローズティー用)…3個
グラニュー糖…大さじ2
焼酎(ホワイトリカーなど)
　…450㎖

必要な道具

保存容器

1
にんにくは皮つきのまま500Wの電子レンジで40秒加熱して皮をむく。保存容器に焼酎以外の材料を入れる。

2
焼酎を注ぎ、ふたをして日の当たらない涼しい場所におく。3週間後から飲めるが、飲み頃は3カ月後。3カ月たったら、こして瓶に入れ、涼しい場所で保存する。

洋風薬用酒を使って

シャーベット風に凍らせて

薬用酒のグラニテ

材料(作りやすい分量)

洋風薬用酒…¼カップ
砂糖…大さじ1

作り方

1 ボウルに薬用酒、砂糖、水½カップをまぜ合わせる。
2 金属製のバットに流し入れ、冷凍室で凍らせる。だいたい凍ったらフォークでほぐしてみぞれ状にし、再び凍らせる。器に盛り、あれば乾燥バラの花を飾る。

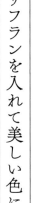

中華風薬用酒

野菜、木の実、中華香辛料で

スーパーにある材料で、何か体にいい健康酒はできないかと考えて作ってみたのがこれ。野菜や、中華料理の材料や香辛料として使われる食材でまとめたので、ちょっと漢方薬酒風な雰囲気に。でも味は、おとそに似ていると思います。砂糖を少し入れて飲みやすく、食後に飲むと胃がすっきりします。

いつ作る?	通年
食べ頃	3カ月後
保存方法	暗く涼しい場所で
保存期間	何年でも

材料(作りやすい分量)

干ししいたけ…1個
れんこん…3cm
しょうが…1かけ
八角…1個
いり黒ごま…小さじ1
クコの実…大さじ½
松の実…大さじ1
白きくらげ…5g
グラニュー糖…大さじ2
焼酎(ホワイトリカーなど)…450mℓ

必要な道具

保存容器

1

れんこんは皮をむく。しょうがは2mm厚さに切る。

2

保存容器に焼酎以外の材料を入れる。焼酎を注ぎ、ふたをして日の当たらない涼しい場所におく。3週間ほどたつと飲めるが、時間がたつにつれ、酒の色が濃くなる。飲み頃は3カ月後。3カ月たったら、こして瓶に入れ、涼しい場所で保存する。

中華風薬用酒をおとそ風に飲んでも

こしたものをおとそ用の器に入れて。色を楽しむならこんなガラスの容器もかわいいです。

column 2

保存食に使う塩、砂糖のこと

塩、砂糖の種類やなぜそれを使うかの理由を知り、ときどき使い分けてみましょう。保存食作りがさらに楽しくなりますよ。

上白糖

この本で砂糖とあるものは上白糖です。日本特有のもので、精製糖の中でも最も一般的で使いやすく、どこのスーパーにもおいてあると思います。甘さに深みがあり、とけやすいので煮物などに最適。甘酢系の漬け物、ピクルス、甘みをきかせる料理やお菓子に適しています。

塩（焼き塩）

振り塩として使う塩は自然塩で粒子がこまかい焼き塩があると便利です。サラサラとしているので、食材にバランスよく均一に振ることができ、塩かげんにムラが出ません。

あら塩

漬け物はすべてあら塩を使うと覚えましょう。あら塩は精製塩に比べて粒子があらいため、食材にからみやすく、なじみやすいのが特徴。またミネラル分も豊富なため、まろやかに仕上がります。

きび砂糖

低精製なので、原料の砂糖きびが持つミネラル分が多く、素朴な風味が特徴。コクのある甘い仕上がりになりますが、茶色いので、果物のジャムに使うとくすんだ色合いに。

グラニュー糖

ジャムやシロップ作りは基本的にグラニュー糖を使います。氷砂糖より結晶が小さく、上白糖より精製度が高いので、アクが少なく、仕上がりがすっきりした、上品な味わいになるのです。

氷砂糖

果実酒には基本的に氷砂糖を使います。果実から水分とエキスがゆっくり出るのとちょうど同じくらいのスピードでとけていくので、抽出をじゃませず、まろやかですっきりした味わいに仕上がります。

PART

3

手作り調味料

市販のものとはひと味もふた味も違う、
わが家のオリジナル調味料。
料理の幅がぐんと広がります。

大豆の風味が生きた、まろやかな味
手作りみそ

いろいろなやり方を試してみて、おいしく作れるうえできる限り手間を省いて行き着いたのが、今回ご紹介する方法です。大豆は圧力鍋を使って、煮るのでなく蒸すのがいちばん早くて簡単でした。このやり方に落ち着いてからは、毎年大寒の頃になると、圧力鍋とフードプロセッサーを駆使して80kgのみそを仕込んでいます。子どもや家族や友人と一年に一度、わいわい楽しみながら仕込むのもおすすめですよ。

材料(でき上がり約5kg分)

大豆…1.5kg
生米麹…1.5kg
あら塩…750g
焼酎(ホワイトリカーなど)
…適量

必要な道具

・圧力鍋（なければ大きめの鍋）・フードプロセッサー（または大きくて厚手のポリ袋と軍手）・寸胴形のかめか寸胴形のほうろう容器　・重し（1.5kg）
＊圧力鍋がない場合は、大豆を大きな鍋でたっぷりの水からゆでる。煮立ったら火を弱めて途中で水を足しながら、豆が指で簡単につぶせるくらいになるまで4時間ほど煮る。

材料について

大豆は大寒の頃になると出回る新豆を。早くやわらかくなるうえ、香りがよいです。米麹は乾燥タイプでも作れますが、みそ作りには生米麹がおすすめ。この時期なら、ネット販売などで手に入りますよ。シンプルな材料だからこそ、食材選びで断然味に差が出ます。

いつ作る？	1月下旬～2月
食べ頃	7～8カ月後
保存方法	日の当たらない涼しい場所で
保存期間	仕上がってから1年

仕込む当日の作業

半日～1日の余裕をみて、一気に仕込みます。
指輪をしていたらはずして作業を。

2

塩と生米麹を別の大きなボウルに入れ、両手で下からすくい上げ、麹をつぶさないようによくまぜる。ふんわりと均一にまざるよう、空中ですり合わせながら落とす。

3

圧力鍋に3cm高さくらいの水を張り、蒸し器部分に**1**の大豆を入れてセットする。大豆の量が多いため、2～3回に分けて作業する。たとえば6ℓの容量の鍋の場合、1回に乾燥大豆500g（もどして1kg分）しか入らないので、3回に分けて。鍋を中火にかけ、蒸気が上がってから20分ほど蒸す。

4

火を止め、自然に圧力鍋のピンが下がるまで自然放置してからふたをとる。蒸し上がると大豆は薄い茶色になる。熱いので注意して大豆をとり出し、蒸し汁はとっておく。

でき上がったらまず、もろきゅうなどでみその風味をダイレクトに味わってみてください。

前の夜の作業

大豆を水にひたしてもどします。
約2倍に膨らむので、いくつかの容器に分けても。

1

大きなボウルに大豆と3倍量の水を入れ、一晩ひたしてもどす。

5

大豆が熱いうちに数回に分けてフードプロセッサーにかけ、粒が残る程度につぶす。かけすぎてペースト状にならないように注意して。

＼POINT／

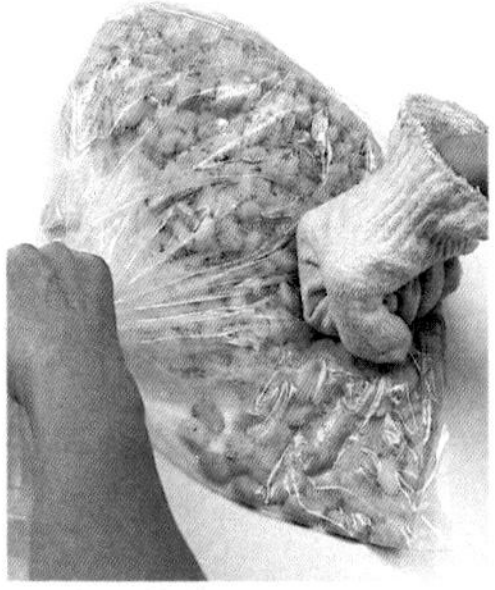

フードプロセッサーがなかったら

厚手のポリ袋に大豆を入れ、軍手をはめた手で袋の上からまんべんなく押して、大豆をつぶす。大きなボウルに移し、人肌くらいまで冷ます。

6

2を加えて全体をざっとまぜ、人肌に冷ました**4**の蒸し汁約300mℓを少しずつ加えながら、さらによくまぜる。蒸し汁の量の目安は、手にべとべとつかず、丸められるほどのかたさになるまで。蒸し汁が少ないと、でき上がりのみそがかたくなってしまうので注意して。

7

かめかほうろう容器は洗って乾かし、内側全体に焼酎を霧吹きで吹きかける。

8

6を片手でつかめるほどのかたまりでとり、かめの底にたたきつけて詰めていく。かめの底の角部分から中央部分という順で。たたきつけるのは、みそ玉の空気を抜き、きっちり詰めてカビを防ぐため。

9

詰め終わったら表面をきれいにならし、表面に焼酎を霧吹きで吹きかけ、ラップをぴったりと張りつける。

10

軽い重し（1.5kg程度）をのせ、ほこりが入らないよう新聞紙か包装紙、ラップなどをかぶせ、ひもでしばってとめる。約5℃の寒くて暗い場所に3カ月ほどおき、ゆっくり発酵させる。その後は、約20℃の室温に2〜3カ月おく。

↓ 5〜6カ月後

11

重しをはずし、みその上下を底から返してまぜる。別のかめやほうろうの容器に移しかえてもよい。この状態で食べ始めることはできるが、さらに室温に2カ月ほどおいて熟成させたほうが食べ頃に。好みの色と味になったら、保存用の密閉容器に移し、冷蔵室で保存を。

手作りみそを使って

みそ漬け

ぜひお試しいただきたいのが自家製みそで漬けたみそ漬け。魚は白身魚か生鮭、鶏もも肉やとんカツ用の豚肉もおすすめです。肉の場合は2日ほど漬けて、どれも4日目までには食べきって。すぐに食べない場合は、それぞれラップで包んでから冷凍保存もできます。

みそ漬け用みその材料と作り方

手作りみそ…100g
酒…大さじ1
砂糖…大さじ½
みそ、酒、砂糖をよくねりまぜる。

みそ漬けの定番。お弁当に最適です

さわらのみそ漬け

材料

さわらの切り身…6〜8切れ
みそ漬け用みそ…全量

作り方

さわらはキッチンペーパーで水けをふく。バットにみそを半量敷き、その上にさわらを並べ、残りのみそを塗る。ラップをかけ、冷蔵室で1〜2日漬ける。みそをさっと洗ってから焼く。

少量で作るときは

さわらはキッチンペーパーで水けをふき、1切れにつき、みそ漬け用みそ大さじ1を塗る。それぞれラップで包み、冷蔵室で1〜2日漬ける。みそをさっと洗ってから焼く。

コリコリした歯ごたえとみその香り

根菜のみそ漬け

材料(作りやすい分量)

ごぼう…1本
れんこん…小1節
にんじん…小1本
みそ漬け用みそ…大さじ5

作り方

1 根菜は、太いものは縦二〜四つに切り、塩少々を加えた熱湯でさっとゆでて水けをきる。
2 ポリ袋に根菜とみそ漬け用みそを入れ、空気を抜きながら袋の口を閉じ、冷蔵室で4〜5日漬ける。食べるときはみそを洗い流し、薄切りにする。

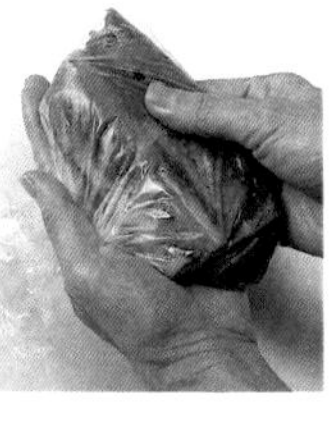

トマトケチャップ

野菜をたっぷり使った、やさしい味わい

トマトケチャップが家で作れるなんて、ちょっと感激ですよね。市販品のように、あざやかな赤色、独特なスパイシーさや甘みを出すのは難しいのですが、それに近づくよういろいろ工夫して作りました。野菜の種類、ハーブや香辛料の種類や量で、風味がかなり違ってきますが、完熟トマトで作ると甘みが出ておいしいので、夏場にぜひ挑戦してみてください。

材料(作りやすい分量)

完熟トマト(またはトマト)… 2kg
セロリ… 1本(100g)
玉ねぎ…小1個(100g)
きゅうり… 1本(100g)
パイナップル(缶詰)… 4切れ(100g)
にんにく… 2かけ
A コリアンダーシード…少々
ローリエ… 2枚
赤唐辛子… 1本
タイム…小さじ½
塩… 25g
きび砂糖… 60g
りんご酢…½カップ

1
トマトはへたを除き、皮に切り目を入れる。たっぷりの湯を沸かしてトマトを30秒ほどつけて引き上げ、めくれた部分から皮をむく。半分に切ってからこまかく刻む。

いつ作る?	通年(おすすめは夏)
食べ頃	1週間後から
保存方法	保存容器に入れて冷蔵室で
保存期間	半年〜1年

トマトケチャップを使って

手作りだからこそのフレッシュなソースを堪能

煮込みハンバーグ

材料(2人分)

A｜合いびき肉…300g
　｜パン粉(生)…50g
　｜玉ねぎ(みじん切り)…50g
　｜塩…小さじ1/3
　｜こしょう…少々

トマトケチャップ…1カップ
サラダ油…大さじ1
ウスターソース…大さじ1
さやいんげん…適量

作り方

1 ボウルに**A**を合わせ、粘りが出るまでよくねりまぜる。2等分して手の中でキャッチボールをするようにして空気を抜いてから、楕円形にととのえる。

2 フライパンに油を熱し、**1**を並べ入れて焼く。片面が焼けたら上下を返し、焼き色がついたら、トマトケチャップ、水1/2カップ、ウスターソースを加え、ふたをして8分ほど蒸し煮にする。

3 ふたをはずし、ソースをからめながら煮詰め、器に盛ってソースをかける。縦に裂いてゆでたさやいんげんを添える。

2
きゅうりは皮をむいてみじん切りに、セロリ、玉ねぎ、にんにく、パイナップルもみじん切りにする。**A**のハーブは適当にちぎり、赤唐辛子は種を除いてちぎり、合わせてだしパックなどに入れる。

3
大きなほうろうの鍋かステンレスの鍋に**1**、**2**、残りの材料をすべて入れ、強火にかける。

4
煮立ったら弱めの中火にし、アクをとりながら半量くらいになるまで30分ほど煮詰める。

5
火を弱め、ハンディ式ミキサーなどでなめらかな状態になるまで攪拌する。なければ、熱いので十分に注意しながらフードプロセッサーやミキサーにかけてペースト状にする(あらつぶしがよければ、そのままでも)。

完熟トマトがたっぷり手に入ったら

トマトソース

ホールトマトの缶詰でもできますが、生トマトで作るソースの味は格別！　夏の完熟トマトが出回る時期に買い込んで作っておけば、一年じゅう楽しめます。缶詰で作ったほうが赤い色も味もしっかりしていますが、生トマトで作ると、酸味もまろやかで甘みもあり、やさしい味わいに仕上がりますよ。

材料(作りやすい分量)

完熟トマト(または
　ホールトマト缶)… 1kg
玉ねぎ… 1個
ローリエ… 1枚
オリーブ油… 1/4カップ
塩…小さじ1
砂糖…小さじ1

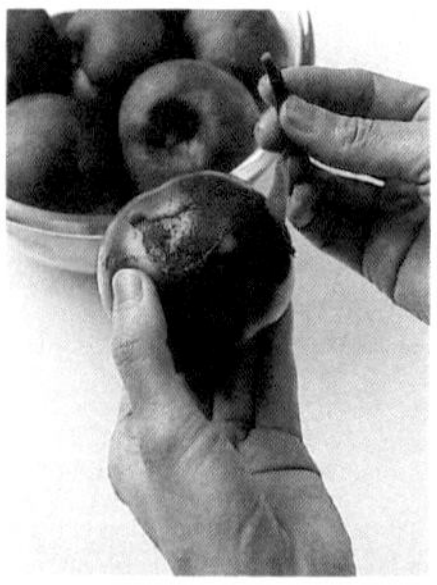

1
トマトはへたを除き、皮に切り目を入れる。たっぷりの湯を沸かしてトマトを30秒ほどつけて引き上げ、めくれた部分から皮をむく。半分に切ってからこまかく刻む。

2
玉ねぎはあらみじんに切る。鍋にオリーブ油とローリエ、玉ねぎを入れて火にかけ、ローリエの香りが立って玉ねぎがしんなりするまで炒める。

3
トマト、塩、砂糖を加えてまぜる。

4
アクをとりながら、中火で20分ほど煮詰める。

いつ作る？	通年(おすすめは夏)
食べ頃	作った当日から
保存方法	保存容器に入れて冷蔵室で
保存期間	開封したら早めに食べきる

POINT

保存瓶に入れて保存するときは

煮沸したきれいな瓶に、ソースが熱いうちに詰め、逆さにしてそのまま冷めるまでおく（p.58参照)。開封せずに冷蔵室で保存すれば、1年もつ。

トマトソースを使って

トマトソースにミートボールを落として煮るだけ

ミートボールのトマトソース煮

材料(2人分)

A
- 合いびき肉…300g
- 玉ねぎ(みじん切り)…½個
- フランスパン(砕いたもの)…½カップ
- 牛乳…½カップ
- 粉チーズ…大さじ3
- パセリのみじん切り…大さじ2
- オールスパイス(あれば)…少々
- 塩…小さじ⅔
- こしょう…少々
- 卵…½個

トマトソース…2カップ
にんにく(みじん切り)…小さじ1
オリーブ油…大さじ1

作り方

1 **A**の材料をすべてボウルに入れ、粘りが出るまでよくまぜ合わせ、12等分してボール状に丸める。
2 鍋にオリーブ油とにんにくを入れて弱火にかけて炒め、香りが立ったらトマトソースと水1カップを加え、中火で煮立てる。
3 ミートボールを加え、煮立ったらふたをして15〜20分煮る。好みでイタリアンパセリを散らす。

定番ピザも、自家製ソースなら抜群においしい!

ピッツァ　マルゲリータ

材料(2人分)

市販のピッツァ生地(約20cmのもの)…2枚
トマトソース…120mℓ
モッツァレラ…100g
ピザ用チーズ…80g
塩…少々
オレガノ、バジルなど…適量
オリーブ油…大さじ2

作り方

1 ピッツァ生地にトマトソースを塗り、塩を振る。角切りにしたモッツァレラとピザ用チーズをのせ、バジルなどのハーブを散らす。
2 オリーブ油を振りかけ、250℃に予熱したオーブンで、チーズがとけて生地がきつね色になるまで7〜8分焼く。

バジルペースト

香りのよいバジルが出回る夏場がおすすめ

松の実やパルメザンチーズを加える作り方もありますが、今回は日もちのするシンプルなレシピでご紹介。フードプロセッサーで手軽に作りますが、材料を一度に攪拌してもきれいなペースト状にはなりません。なめらかに仕上げるために、にんにく、バジルの葉、オリーブ油と、順を追って加えていきましょう。パスタをはじめ、肉や魚を焼くときのソースにしたり、ドレッシングに加えたりと、大活躍してくれます。

材料(作りやすい分量)

バジルの葉…100g
にんにく…2かけ
オリーブ油…½カップ
塩…小さじ⅓
こしょう…少々

必要な道具

・フードプロセッサー
・保存容器

1

バジルは葉を摘み(この状態ではかって100g)、きれいに洗ってキッチンペーパーなどで水けをよくふく。にんにくは半分に切り、芽を除く。フードプロセッサーににんにくを入れて回す。

2

にんにくがこまかくなったら、バジルの葉、オリーブ油の半量を加えて、バジルの葉がこまかくなってよくまざるまで十分に攪拌する。

3

フードプロセッサーの内側やふたについたバジルやオリーブ油をゴムべらで落としてきれいにし、残りのオリーブ油、塩、こしょうを加え、なめらかなペースト状になるまで回す。

\ POINT /

瓶に詰めて保存するときは

保存容器や瓶などにバジルペーストを入れ、かぶるくらいまでオリーブ油を入れて空気と遮断する。冷蔵室で保存し、長期保存の場合は冷凍室で。

いつ作る?	通年(おすすめは夏)
食べ頃	作った当日から
保存方法	保存容器に入れて冷蔵室で
保存期間	冷蔵で1〜2カ月、冷凍で1年

バジルペーストを使って

いつもの料理に少し加えるだけで
おしゃれな一皿に。

人気のパスタを手作りペーストで本場の味に

スパゲッティ ジェノベーゼ

材料(2人分)

スパゲッティ…180g
バジルペースト…大さじ3
じゃがいも…1個
さやいんげん…5本
パルメザンチーズ(粉)…大さじ3
塩…大さじ2

作り方

1 じゃがいもは7㎜厚さのいちょう切りにする。大きめの鍋に湯をたっぷり沸かし、少しかために6分ほどゆで、ざるですくってとり出す。
2 鍋の湯に塩を加え、スパゲッティを表示どおりにゆで、ゆで上がる4分前に3㎝長さに切ったさやいんげんを加え、さらに1分前に**1**のじゃがいもを加え、ざるに上げる。
3 ボウルにバジルペーストとパルメザンチーズを入れてまぜ、**2**を加える。ざっとまぜ合わせて器に盛り、好みでさらにパルメザンチーズを振る。

シンプルスープにペーストを添えて、南仏の味わい

ピストースープ

材料(2人分)

にんじん…1/3本
じゃがいも…小1個
玉ねぎ…1/4個
さやいんげん…4本
セロリ…1/4本
トマト…1/4個
ひよこ豆の水煮(缶詰)…50g
ベーコン…30g
固形スープ…1/2個
塩、こしょう…各少々
バジルペースト…適量

作り方

1 にんじん、じゃがいも、玉ねぎは1㎝角に切る。じゃがいもは水にさらす。さやいんげん、セロリは筋をとって1㎝厚さに切る。トマトはへたをとって1㎝厚さに切る。ベーコンも1㎝厚さに切る。ひよこ豆の水煮は缶汁をきる。
2 鍋ににんじん、じゃがいも、玉ねぎ、セロリ、ベーコンを入れ、水3カップと固形スープを加え、野菜がやわらかくなるまで煮る。
3 さやいんげんを加え、煮えたらひよこ豆を加え、塩、こしょうで味をととのえる。トマトを加えてさっと煮る。
4 器に盛り、好みの量のバジルペーストを加えながら食べる。

ヘルシードリンクに、料理用調味料に

フルーツ&ハーブビネガー

好みのフルーツやハーブを酢に漬けるだけなので、いろいろ試してみました。一番のヒットはラズベリー。とにかく色がきれいで、香りが抜群です。フルーツビネガーはそのまま使うほか、はちみつを加えて炭酸水でわってドリンクに。料理に使うならドレッシングがおすすめ。ハーブビネガーは、飲むよりも料理に使って。

いつ作る?	通年
食べ頃	漬けて3日後、 1週間後から
保存方法	日の当たらない 涼しい場所か冷蔵室で
保存期間	3〜6カ月

色合いがきれいなので、
食卓におくだけで華やぎます

ラズベリービネガー

材料(作りやすい分量)

ラズベリー… 60g
酢… 1カップ

ラズベリーはキッチンペーパーでほこりをはらい、瓶などに入れ、酢を注ぎ入れる。酢にラズベリーの色が出てきたら(3日後)使える。冷蔵室に入れておくと色がきれいにもつ。

*ドレッシングに使うと風味がよい。

飲んでおいしいのがこれ!
料理にも使えます

キウイビネガー

材料(作りやすい分量)

キウイフルーツ… 1個
酢… 1カップ

キウイフルーツは縦に切り、瓶などに入れて酢を注ぎ入れる。3日後から使える。キウイがとけてきたら、よくまぜる。2カ月後、実を除く。

*好みの量の砂糖を加え、水や炭酸水で薄めて飲んでもおいしい。

香りを楽しみたい人に。
サラダや料理のソースに

ハーブビネガー

材料(作りやすい分量)

バジル… 1枝
ローズマリー、
　タイムなど… 各1枝
酢… 1カップ

瓶などにハーブを入れ、酢を注ぐ。1週間後から使える。1カ月後、ハーブを除く。

*ドレッシングや料理のソースに使うと風味がよい。

ラズベリービネガーを使って

ラズベリーの甘ずっぱい香りで風味がぐんとアップ

ラズベリードレッシングのサラダ

材料(2人分)

えび…8尾
さやいんげん…1パック
紫玉ねぎ…少々
A ラズベリービネガー…小さじ1
　塩…小さじ⅓
　サラダ油…大さじ1
塩、こしょう…各少々
サラダ油…小さじ2

作り方

1 さやいんげんは太ければ縦半分に切り、塩を加えた湯でやわらかめにゆで、ざるに上げて水けをきり、広げて冷ます。
2 玉ねぎは薄切りにする。えびは殻をむいて背に切り目を入れ、背わたをとる。
3 フライパンにサラダ油を熱し、軽く塩、こしょうをしたえびを炒める。えびの色が変わったら火を止める。
4 ボウルに**A**を入れてまぜ合わせ、半量でさやいんげんをあえる。
5 器に盛り、えびをのせる。玉ねぎを散らし、残りの**A**をえびの上にかける。

ハーブビネガーを使って

蒸しただけの魚をおしゃれなフレンチ風に

鯛の蒸し物 ハーブバターソース

材料(2人分)

鯛…2切れ
ハーブビネガー…大さじ1½
玉ねぎ(みじん切り)…大さじ2
バター…50g
塩、こしょう…各少々
好みのハーブ…適量

作り方

1 鍋にハーブビネガーと水大さじ1½、玉ねぎを入れて弱めの中火にかけ、ほぼ水分がなくなるまで煮る。火からおろし、バターを少しずつ加えながら泡立て器でよくまぜ、塩、こしょうで味をととのえ、万能ざるに通してこす。
2 鯛は軽く塩、こしょうして、蒸し器で4〜5分蒸す。
3 器に盛り、**1**のソースをかけ、ハーブを添える。

手作りアンチョビー

市販品より香りがマイルドで使いやすい

塩漬けを1カ月、手で3枚におろしたら1カ月かけて熟成と、手間と時間はかかりますが、でき上がったときは感激の味！ これぞ保存食という醍醐味が味わえます。アンチョビーはイタリアンには欠かせない食材で、パンやピザに小さく切ってのせたり、パスタ料理に調味料として使ったりしますが、意外にも、和風の炒め物に味出しとして使うと、ぐっとコクが増すんですよ。

いつ作る？	通年
食べ頃	油に漬けてから1カ月後
保存方法	日の当たらない涼しい場所で
保存期間	1年

材料(作りやすい分量)

ひしこいわし…500g
あら塩…80g
（いわしの正味の20％）
ローリエ…2枚
粒黒こしょう…小さじ1
クローブ…2個
オリーブ油…適量

必要な道具

・漬け物容器　・密閉式保存瓶　・重し

1

前日の準備。ボウルに、ひしこいわし、水1.5カップ、塩大さじ1（分量外）を入れてよくまぜ、冷蔵室で一晩おく。

2

いわしの頭を折って除き、重さをはかり、重量の20％の塩を準備する。漬け物容器にいわしをきれいに並べ、軽くひとつかみの塩を均等に振る。

3

さらにいわしを並べ、塩を振る、を繰り返す。塩は漬ける間に落ちるので、初めは少なめ、上に行くほど多めに。いわしと同じ重さの重しをする。

4

ふたをして、日の当たらない涼しい場所か冷蔵室に1カ月ほどおいて塩漬けにする。写真は1カ月後の状態。いわしから水分が出る。

手作りアンチョビーを使って

南仏風のピザをパンでアレンジして

玉ねぎのパンタルト

材料(直径20cmの丸型1台分)

手作りアンチョビー…10切れ
玉ねぎ…300g
A
- 水…¼カップ
- バター…大さじ2
- 塩…小さじ⅓
- こしょう…少々

サンドイッチ用食パン…6枚
スタッフドオリーブ…6個
オリーブ油…適量

作り方

1 玉ねぎは薄切りにして鍋に入れ、**A**を加えてふたをし、中火で蒸し煮にする。玉ねぎがやわらかくなったらふたをとり、水分を飛ばしながら、焦がさないよう炒める。
2 型にバター（分量外）を塗り、食パン3枚を三角形に切って放射状に敷き入れ、中心は丸く抜いて同じ大きさに切ったパンをはめ入れる。周りは1.5cmに切ったパンをはりつける。**1**を入れて平らにならし、縦半分に切ったアンチョビーを格子模様に並べ、半分に切ったオリーブをのせる。
3 200℃に予熱したオーブンで15分焼き、オリーブ油少々を塗る。

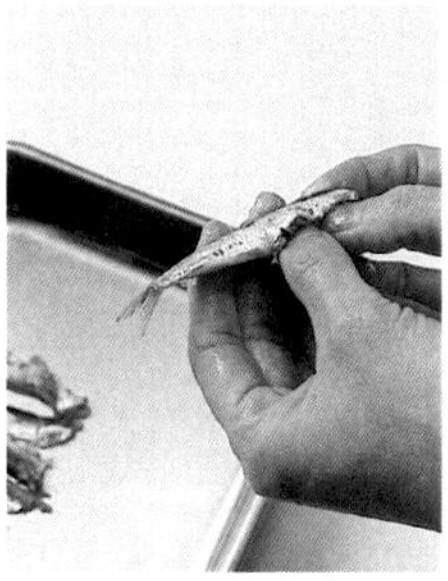

5
出た水分は捨て、塩漬けしたいわしを手で3枚におろす。頭のほうの腹から指を入れて身を開く。

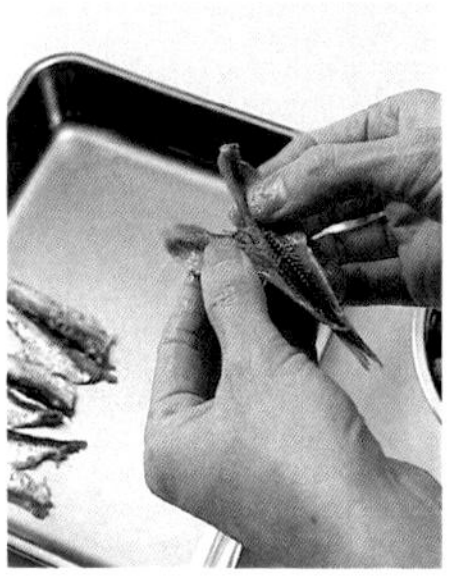

6
骨のついていない半身を手できれいに裂く。

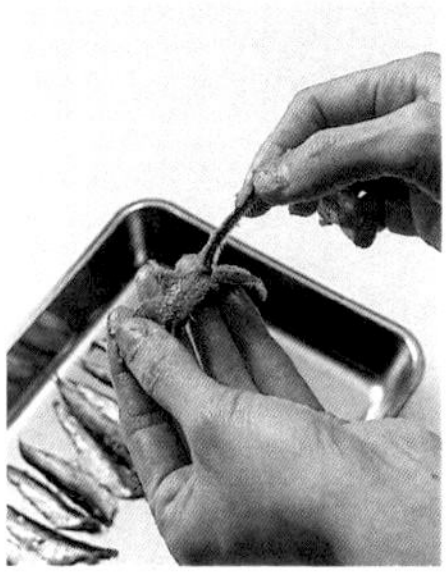

7
残りの半身の中骨をはずす。

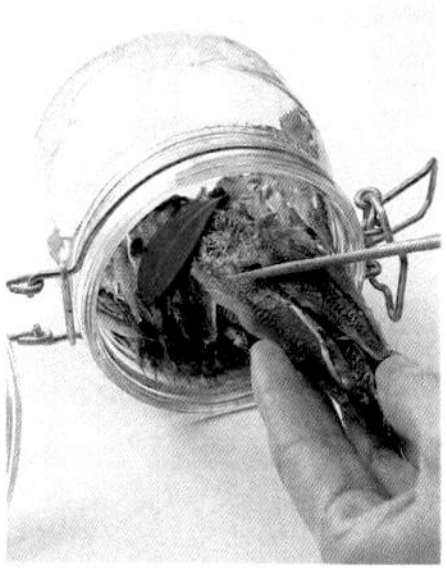

8
保存瓶に詰める。縦にきれいに詰める場合は、瓶をねかせ、いわしの身を数枚ずつ重ねながら入れるとよい。

9
ローリエ、こしょう、クローブを間にはさみ、いわしの身が完全にかぶるまでオリーブ油を注ぐ。オーブン用シートで落としぶたをしてふたを閉め、日の当たらない涼しい場所に1カ月おいて熟成させる。

黄ゆずこしょう

香りと辛みが特徴。鍋やあえ物に最適です

ゆずこしょうは、ピリッとした辛みとゆずと麹の独特の香りで、一般的には鍋物の薬味や、たれやドレッシングに風味づけで加えたりして利用します。夏に出回る青唐辛子と冬に出る黄ゆずが必要なので、季節をまたがって作る保存食。配合は、青唐辛子1に対して麹が1、塩0・5で青唐辛子のもとを作り、できたもと1に対して黄ゆず1の割合と覚えてください。

材料（作りやすい分量）

青唐辛子…180g
乾燥米麹（板麹）…80g
（生麹の場合は180g）
あら塩…90g
黄ゆずの皮…青唐辛子のもとと同じ重量

必要な道具

密閉式保存瓶

いつ作る？	7〜8月と11〜1月（夏に青唐辛子を仕込み、冬に出るゆずを合わせる）
食べ頃	黄ゆずを加えて1週間後から
保存方法	保存容器に入れて冷蔵室で
保存期間	1年

1
青唐辛子のもとを作る。乾燥米麹はボウルの中でほぐし、ぬるま湯½カップを加えてよくまぜる。10分ほど室温においてふやかす（生麹の場合はこの作業は必要ない）。

2
青唐辛子はへたを除き、みじん切りにするか、フードプロセッサーにかけてこまかくする（ペーストにならないように注意）。

3
塩と麹を加え、底から返すようにしてよくまぜる。

4
保存瓶に入れ、日の当たらない涼しい場所におき、ときどきかきまぜる。黄ゆずが出回るのを待つ。

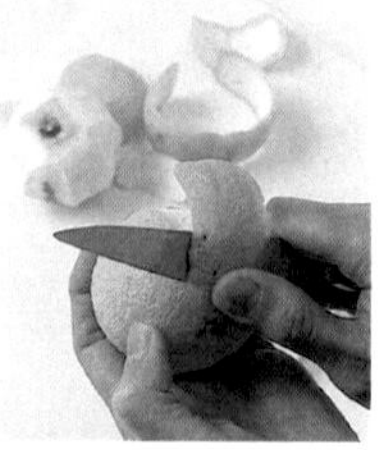

5
冬になって青唐辛子のもとの重さをはかり、同量の黄ゆずの皮を用意する（青唐辛子のもと60gに対して黄ゆず2個が目安）。皮をむき、包丁でこまかく刻む。

6
刻んだ黄ゆずの皮を**4**に加えてよくまぜる。ふたをして約1週間、ときどきまぜながら室温においてなじませ、熟成させる。その後は冷蔵室で保存する。

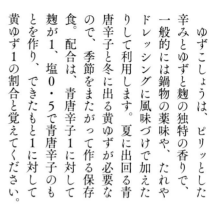

和風サラダのドレッシングにぴったり

大根とツナのサラダ ゆずこしょうドレッシング

黄ゆずこしょうを使って

材料(2人分)

大根…約10cm
ツナ缶…小1缶(85g)
水菜…1/4袋
A 酢…大さじ1
サラダ油…大さじ2
塩…小さじ1/3
黄ゆずこしょう…小さじ1/2

作り方

1 大根はせん切りに、水菜は大根と長さをそろえて切り、ざっと合わせる。ツナは缶汁をきる。
2 **A**は合わせてドレッシングを作る。
3 野菜にツナをのせ、ドレッシングをかける。

生の実山椒の時期にゆでて冷凍保存を

ゆで実山椒

実山椒は、夏の短い間ですが八百屋さんの店先に並びます。そのままでは非常に強い辛みも、ゆでこぼして水にさらせば手軽に使えます。ごはんのお供のちりめん山椒や、牛肉のしぐれ煮などを作るときに少し加えるだけでぐっと大人の味わいに。保存方法を研究し、水とともに冷凍するほうがしっとり使えることを発見してからは、そのやり方で毎年冷凍。少しずつ解凍して楽しんでいます。

材料(作りやすい分量)

生の実山椒…200g

いつ作る?	6〜7月
食べ頃	作った当日から
保存方法	保存容器に入れて冷蔵室で。 またはラップで包むか、 水分ごと冷凍室で
保存期間	冷蔵で2週間、冷凍で1年

1
実山椒は実を茎から指でほぐすようにしながら切り離す。実についた小さい茎はそのままでよい。

2
熱湯に実山椒を入れ、煮立ったら2分ほどゆでて、ざるに上げる。これをもう1回繰り返す。

3
ボウルにためた水の中に入れ、ときどき水をかえながら2〜3回さらし、辛みを抜く。さらす時間は合計一晩ほど。

4
ざるに上げて水けをふき、保存容器に入れて冷蔵室で保存。冷凍する場合は、小分けにしてラップで包む。または、冷凍用の保存袋に入れ、水をひたひたに加えてから冷凍する。使うときは自然解凍して、水けをきる。

ゆで実山椒を使って

炊きたての白ごはんにたっぷりのせて

ちりめん山椒

材料(作りやすい分量)

実山椒(ゆでたもの)…大さじ2
ちりめんじゃこ…100g
しょうゆ…小さじ1
みりん、酒…各大さじ3

作り方

1 鍋にじゃこを入れ、油は引かずに弱火で焦がさないようにいる。
2 実山椒、しょうゆ、みりん、酒を加え、水分がなくなるまで弱めの中火でいり煮にする。
3 保存容器に入れて冷蔵室で保存する。ラップで包んで冷凍も可。

現代中華料理に欠かせない調味料

自家製XO《エックスオー》醤《ジャン》

いつ作る?	通年
食べ頃	作った当日から
保存方法	保存容器に入れて冷蔵室で
保存期間	冷蔵で1週間、冷凍で3カ月

香港などの有名中華料理店では、その店ごとに材料も配合も違います。味も香りも非常に高く、餃子やシューマイ、おかゆの薬味にしたり、炒め物やチャーハンに少し入れたりするだけで、味がぐんとアップするので、一度作るとハマってしまう人が多いです。干し貝柱は比較的値が張るので、中華食材店で売られている、欠けているものや、形のふぞろいなものを使うのがおすすめです。

材料(作りやすい分量)

中華干しえび…20g
干し貝柱…50g
生ハム…50g
エシャロット…1個
にんにく…3かけ
赤唐辛子…1〜3本
サラダ油…35mℓ

自家製XO醤を使って

餃子の薬味がわりにXO醤をつけて

えびの水餃子

材料(2人分)

餃子の皮…20枚
えび(殻をむいて)
…5尾(正味70g)
セロリ…¼本(35g)
塩、こしょう…各少々
酒…大さじ1
顆粒中華スープのもと…適量
自家製XO醤…適量

作り方

1. えびは殻をむいて、包丁でこまかくたたく。セロリはみじん切りにする。
2. ボウルにセロリとえび、塩、こしょう、酒を入れてよくまぜる。
3. 餃子の皮に小さじ1ほどのせ、まわりに水をつけて半分に折り、さらに先端を重ねてとめる。
4. 中華スープのもとを薄めにといた湯でゆでる。浮いてからさらに30秒ほどゆで、少量のゆで汁とともに器に盛る。XO醤をつけながら食べる。

1

干しえびは水½カップに、干し貝柱は水1½カップにひたし、一晩おく。もどし汁は合わせてとっておく。エシャロット、にんにく、生ハムはみじん切りにする。赤唐辛子は種をとり、こまかく刻む。鍋にサラダ油とにんにく、エシャロットを入れ、香りが立つまでじっくり炒める。赤唐辛子、水けをきって刻んだえびを加え、さらに辛みが出るまで炒める。

2

生ハムと手でほぐした貝柱を加え、生ハムがぽろぽろになるまで炒める。

3

もどし汁を加え、汁けがほとんどなくなるまで弱めの中火でまぜながら煮る。冷めたら保存容器に詰める。できれば1週間ほどで食べきり、食べられないときは小分けにして冷凍するか、5日目くらいに一度煮返す。

材料（作りやすい分量）

八丁みそ…100g
湯…½〜⅔カップ
砂糖…80g
しょうゆ…小さじ2
酒…大さじ½
ごま油…大さじ2

日本の八丁みそで作る中華調味料

自家製甜麺醤《テンメンジャン》

いつ作る?	通年
食べ頃	作った当日から
保存方法	保存容器に入れて冷蔵室で
保存期間	1カ月

北京ダックを食べるときにおなじみの中華風の甘いみそですが、市販のものは塩けや香辛料が強いので、日本の食卓に合うよう、やさしい味わいのものを考えて作ってみました。麻婆豆腐やホイコーローはもちろん、ひき肉や野菜炒めに少し加えるだけで味の深みがぐんと増す、魔法の調味料です。

1
鍋に八丁みそを入れ、湯を少しずつ注ぎながら泡立て器でときまぜてのばす。砂糖、しょうゆ、酒を加えて弱火にかけ、焦がさないように泡立て器でまぜる。

2
つやが出てなめらかになったら火を止め、仕上げにごま油を加えてよくまぜる。冷めたら保存容器に入れる。

自家製甜麺醤を使って

ふだんのごはんで味わうならこれです

ホイコーロー

材料(作りやすい分量)

豚バラ薄切り肉…150g
キャベツ…¼個
長ねぎ…½本
ピーマン(赤・緑)
…各½個
にんにく(みじん切り)
…大さじ½
豆板醤…小さじ1
自家製甜麺醤…大さじ3〜4
しょうゆ…大さじ1
塩、こしょう…各少々
サラダ油…大さじ½

作り方

1 豚肉は食べやすい大きさに切る。キャベツはざく切り、長ねぎは1cm厚さの斜め切り、ピーマンは一口大のひし形に切る。
2 フライパンに湯を沸かし、キャベツとピーマンをさっとゆで、ざるに上げる。
3 フライパンにサラダ油を熱してにんにくを炒め、香りが立ったら、豚肉、長ねぎを順に加えて炒め合わせ、キャベツ、ピーマンを加えてさっと炒める。
4 フライパンの隅で豆板醤を軽く炒めてから全体にまぜる。甜麺醤、しょうゆを加えて全体を炒め合わせ、塩、こしょうで味をととのえる。

甜麺醤をつけて、北京ダック風に

野菜のクレープ風

材料(作りやすい分量)

もやし…1袋
にら…½束
赤ピーマン…½個
鶏ささ身…100g
生春巻きの皮…4〜6枚
自家製甜麺醤…適量
塩、こしょう、酒…各少々

作り方

1 もやしはひげ根をとる。にらはもやしと同じ長さに切る。赤ピーマンは細切りにする。耐熱皿に並べ、ふんわりラップをして電子レンジ(500W)で2分ほど加熱し、ラップをはずしてあら熱をとる。
2 ささ身も別の耐熱皿に入れて塩、こしょうして酒を振り、電子レンジで3分ほど加熱する。冷めたら手で細く裂く。
3 生春巻きの皮に適量ずつ包み、甜麺醤をつけて食べる。

※水でもどすタイプの生春巻きの皮はパッケージに従ってもどす。

column
3

道具と保存容器、手入れのこと

漬け物や果実酒作りにおすすめの道具や保存容器と、使う前のお手入れ方法をご紹介。容量や形、材質は、漬ける食材や材料、スペースに合わせて選んでみてください。

バネつき漬け物容器

材料を入れたらふたをして、ねじを回してバネを下げて重しにするタイプ。本書では、しば漬け、福神漬け、かぶら寿司などに使います。家族の人数や漬ける量に合わせて大きさを選んで。

使う前に

よく洗ったあとに、しっかり乾かす。

陶器のかめ

本書では梅干し、ぬか漬け、白菜漬けなどに使っている、昔ながらのかめ。酸や塩分に強いだけでなく、温度変化が少なく、カビの心配も少ないのが特徴。

使う前に

よく洗ったあとに熱湯を回しかけ、しっかり乾かす。

ほうろう容器

本書ではカリカリ小梅漬け、白菜キムチなどで使っています。酸や塩分に強く、デザイン性も高くてすっきり。大量に漬けない場合はこちらを。持ち手がついているものが便利です。

使う前に

よく洗ったあとに熱湯を回しかけ、しっかり乾かす。

果実酒用の保存瓶

ガラス製のため、酸や塩分にも強いうえに中がよく見え、漬けた様子を確認できます。梅酒をはじめ果実酒全般に向くほか、らっきょう漬けにも。サイズはさまざまですが、梅酒なら2〜4ℓくらいが使いやすいです。

使う前に

よく洗ったあとに熱湯を回しかけ、しっかり乾かす。熱湯を勢いよく注ぐと割れる場合もあるので、注意しながら少しずつ行う。

密閉式ガラス保存瓶

果実酒、漬け物全般に使え、そのまま保存もできます。パッキンも煮沸消毒できるので便利。パッキンは、劣化を防ぐため、使わないときははずしておき、古くなったら交換を。サイズがさまざまなので、漬ける量に合わせて選んで。

使う前に

ガラス部分はたっぷりの湯を沸かした鍋に入れて10分煮たあと、清潔なふきんの上にふせて乾かす。パッキンは3分煮沸を。鍋に入らない場合は、よく洗ったあとに熱湯を回しかけ、しっかり乾かす。

ジャム瓶

市販のジャム瓶。ジャムのほか手作り調味料を入れても。ふたが金属製の場合が多いので、酸や塩分の強いものを入れるのは避けて。一度使ったふたは新品に買いかえを。

使う前に

たっぷりの湯を沸かした鍋に瓶を入れて10分ほど煮沸し、ふたも入れてさらに3分煮沸する。清潔なふきんの上にふせて乾かす。

PART 4

おかずと常備菜

おかずにもおもてなしにも便利な保存食。日々の食事に役立つだけでなく、作ってみるとうまみの成り立ちや味のしくみがわかり、仕込みの工程も楽しいものです。

お酒のおつまみに最適。パーティーの主役に

簡単スモーク料理

家庭で楽しむスモーク料理の道具

中華鍋と焼き網

においがつく場合があるので、スモーク専用にできる使い古したものがあるとベスト。鍋の大きさは問いません。材料をのせるのは、餅を焼くときに使うような焼き網でよい。

チップがない場合は？

日本茶、紅茶、中国茶などの葉で代用できます。ただし、お茶の葉だけではスモーク独特の黄金色の風合いが出にくいので、砂糖をまぜて使ってください。

チップ

スモーク用のチップは家庭雑貨やアウトドア用品を扱う店で購入できます。チップの種類はお好みで。私は桜のチップを使っています。

本格的なスモークの香りを家庭で

温燻製

食材に比較的強く香りをつける、または中まで火を通しながら香りをつけるときには温燻製を。チップを少し多めに使い、スモークする間は火をつけたままにします。窓を開けるなど、換気をよくして調理してください。

いつ作る?	通年
食べ頃	作った当日〜翌日
保存方法	ラップで包んで冷蔵室で
保存期間	3〜4日

鶏の燻製

スモークチキンはおもてなしにも最適

材料(4人分)

鶏もも肉…2枚(500〜600g)

下味用調味料

- 塩…小さじ1弱
- こしょう…小さじ1/3
- おろしにんにく…小さじ1/3
- 酒…小さじ1/2

スモーク時間

15分、上下を返して10分

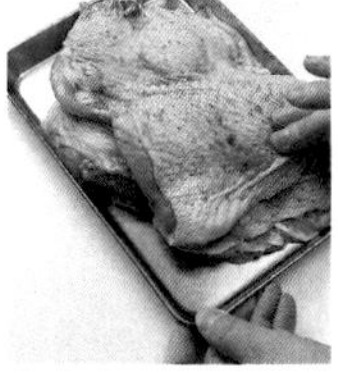

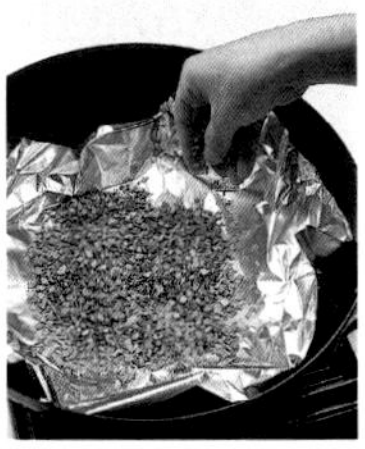

1

中華鍋にアルミホイルを敷き(こうするとあと片づけが楽)、チップをひとつかみほど、1カ所にかたまらないように入れる。

2

中華鍋に入る大きさの焼き網をセットする。鶏肉に下味用調味料を塗り、15分おいて水けをふいてから、皮目を下にしてのせる。

3

ふたをし(においがつかないようアルミホイルで包むとよい)、火にかける。煙が出てきたら、細く煙が上がるくらいの火かげんに弱め、時間をはかってスモークする。

4

ふたをあけて手早く上下を返し、再びふたをして、裏面も時間をはかってスモークする。チップが燃え尽きると煙が上がらなくなるので、その場合はチップを適宜足して。

卵の燻製

ビールのおつまみにも

材料(3人分)

卵…3個

下ごしらえ

卵はかたゆでにし、殻をむく。

スモーク時間

鶏の燻製の作り方を参照し、5分、上下を返して5分

いかの燻製

食べたら止まらないおいしさ

材料(4人分)

するめいか…2はい

塩適宜(下ゆで用)

下ごしらえ

するめいかは内臓と軟骨、くちばしを除き、塩を加えた熱湯でさっとゆで、水けをよくふく。

スモーク時間

鶏の燻製の作り方を参照し、5分、上下を返して5分

短時間にできて、ソフトな香り

冷燻製

食材にスモークの香りをほんのりつけたい、中まで火を通さずに半生に仕上げたいときには冷燻製を。チップは少なめで、煙が出たら火を止め、余熱で表面にだけ火を通しながら香りをつける方法です。フレンチレストランでも大人気の調理法。

いつ作る？	通年
食べ頃	作った当日
保存方法	ラップで包んで冷蔵室で
保存期間	3日

ほたての燻製

ワインのおつまみにぴったり

材料（3〜4人分）

ほたて貝柱…6〜8個
酒…大さじ1
塩…小さじ⅓

下ごしらえ

ほたてに酒、塩を振る。

スモーク時間

3分、上下を返して3分

1
中華鍋にアルミホイルを敷き、チップを手のひらに半分くらいの量を入れる。温燻製（p.109）よりもスモーク時間が短いので、チップの量も少なくてOK。

2
焼き網をセットし、水けをふいたほたてをのせる。

3
火をつけ、煙が上がったらふたをし、30秒ほどしたら火を止める。そのまま時間をはかってスモークする。

4
上下を返し、再びふたをして火をつけ、煙が上がって30秒ほどしたら火を止め、時間をはかってスモークする。

たらの燻製

香りをつけて半生に仕上げて

材料（4人分）

生たら（刺し身用のさく）
…500g
塩…小さじ1弱

下ごしらえ

たらに塩を振って手で軽くなじませ、15分おいて水けをふく。

スモーク時間

ほたての燻製の作り方を参照し、5分、上下を返して5分

チーズの燻製

いつものチーズもおしゃれに変身

材料（3〜4人分）

カマンベール…1個

スモーク時間

チーズは切らない。ほたての燻製の作り方を参照し、3分、上下を返し3分

鶏の燻製を使って

香りのよい冬の煮込み料理

鶏の燻製と野菜のポトフ

材料(2人分)

鶏の燻製…1枚
キャベツ…¼個
にんじん…½本
かぶ…1個
固形スープ…½個
塩、こしょう…各少々

作り方

1 キャベツは縦半分に切る。にんじんは斜め2cm厚さに切る。かぶは茎を少し残し、皮をむいて縦半分に切る。

2 鍋にキャベツ、にんじん、かぶを入れてひたひたの水を加え、固形スープをくずして加える。強火にかけ、煮立ったらふつふつと煮立つくらいの火かげんにし、野菜がだいたいやわらかくなるまで煮る。

3 鶏の燻製を4等分に切って加え、5分ほど煮て、塩、こしょうで味をととのえる。

たらの燻製を使って

スモーキーな香りをまとわせて

たらの燻製とじゃがいものサラダ

材料(2人分)

たらの燻製…100g
じゃがいも…小2個
A | ワインビネガー…大さじ1
  | 塩…小さじ1
  | オリーブ油…大さじ3
塩、こしょう…各少々

作り方

1 じゃがいもは皮つきのまま、たっぷりの水からやわらかくなるまでゆでる。**A**を合わせてドレッシングを作る。たらの燻製は薄いそぎ切りにする。

2 じゃがいもをざるに上げて熱いうちに皮をむき、7mm厚さのいちょう切りにする。温かいうちにドレッシングをからめる。

3 人肌になったら器に盛ってたらの燻製をのせ、塩、こしょうを振る。好みでハーブを添えて。

パンチェッタ

冷蔵室で作れるイタリア風の手作りベーコン

材料（作りやすい分量）

豚バラかたまり肉…約350g
あら塩…小さじ2
（豚肉の3％）
好みのドライハーブ（ローズマリー1本分、タイム1本分、ローリエ1枚など）…適量
あらびき黒こしょう…適量

必要な道具

食品用脱水シート

パンチェッタとは、イタリア語で塩漬け豚のこと。加熱や燻煙処理をしていないので、必ず火を通して食べてください。用途はベーコンと同じなので、まずは朝食のベーコンエッグに。ベーコンのような燻製の香りはありませんが、熟成した肉のうまみが味わえるので、料理の味出しや風味づけにはうってつけです。好みのかげんに熟成させたら冷蔵室で保存を。白いカビが生えないようにシートをかえていれば長期保存できます。

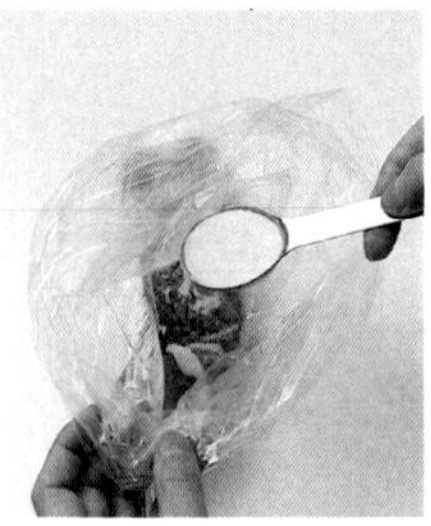

1
ポリ袋に豚肉を入れて塩を振り、袋の上からよくもんで、塩を肉にすり込む。袋の口を閉めて、冷蔵室に一晩おく。

2
一晩たった状態。肉に塩がよくなじみ、肉の余分な水分が出る。とり出して表面の水けをふく。

3
脱水シートを広げて肉をおき、ハーブの葉をちぎってまぶしつけ、全体にこしょうを振る。脱水シートできっちり包み、ポリ袋に入れて冷蔵室へ。

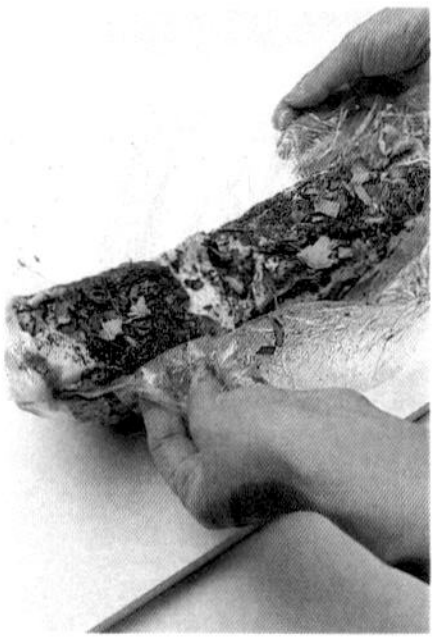

4
6～7日後の状態。脱水シートが肉の水分を吸収してふくらんだら、シートをときどき交換する。さらに冷蔵室で肉の水分を抜きながら熟成させる。10日後から食べられ、2～3週間後が食べ頃。

POINT

使うときには

肉の繊維を断つように切ることが大切。ついつい端から切ってしまいそうになりますが、肉がかたく感じられます。スライスしてから、好みの幅に切っても。

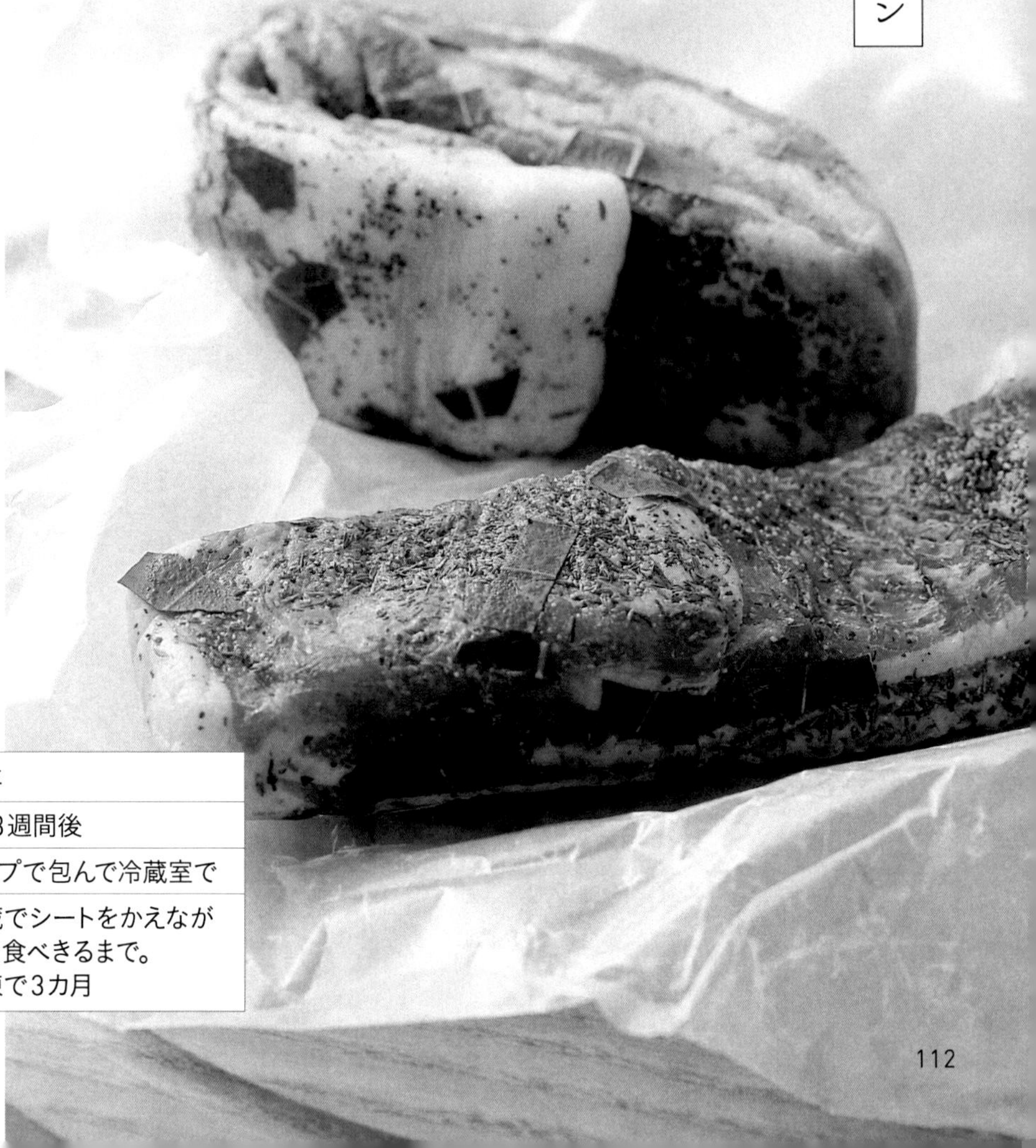

いつ作る？	通年
食べ頃	2～3週間後
保存方法	ラップで包んで冷蔵室で
保存期間	冷蔵でシートをかえながら、食べきるまで。 冷凍で3カ月

パンチェッタを使って

いつものベーコンのように使って
シンプルな料理を特別な一皿に！

パンチェッタのだしと塩けで絶妙な味わい

豆と野菜のミネストローネ

材料（2人分）

パンチェッタ…50g
にんじん…½本
玉ねぎ…小½個
セロリ…½本
金時豆（缶詰・蒸し煮タイプ）…大さじ2
ひよこ豆（缶詰・水煮）…大さじ2
固形スープ…½個
塩、こしょう…各適量

作り方

1 にんじん、玉ねぎ、セロリは7㎜角に切る。パンチェッタは7㎜角の棒状に切る。
2 鍋に**1**と水2〜2¼カップ、固形スープを入れ、煮立ったらアクをとり、ふたをして弱めの中火で煮る。
3 野菜がやわらかくなったら、金時豆、ひよこ豆を加え、温まったら塩、こしょうをして器に盛る。

ベーコンで作るより本場の味に近づきます

スパゲッティ カルボナーラ

材料（2人分）

スパゲッティ（1.6㎜）…200g
パンチェッタ…50g
卵…小2個
パルメザンチーズ（すりおろし）…大さじ4
塩…適量
オリーブ油…大さじ1½
あらびき黒こしょう…少々
＊卵が大きいときは、全卵1個に卵黄1個分で

作り方

1 鍋に約4ℓの湯を沸かし、塩大さじ1½を加え、スパゲッティを袋の表示より1分短めにゆでる。
2 パンチェッタは1㎝幅に切る。フライパンにオリーブ油を熱し、パンチェッタを軽く炒める。
3 ボウルに卵を割りほぐし、チーズを加えてまぜる。
4 ゆで上がったスパゲッティを**2**のフライパンに入れ、さっと炒め合わせる。**3**のボウルに入れてソースをからめ、器に盛り、こしょうを振る。

自家製サーモンマリネ

ほんのりした塩味とねっとりした食感

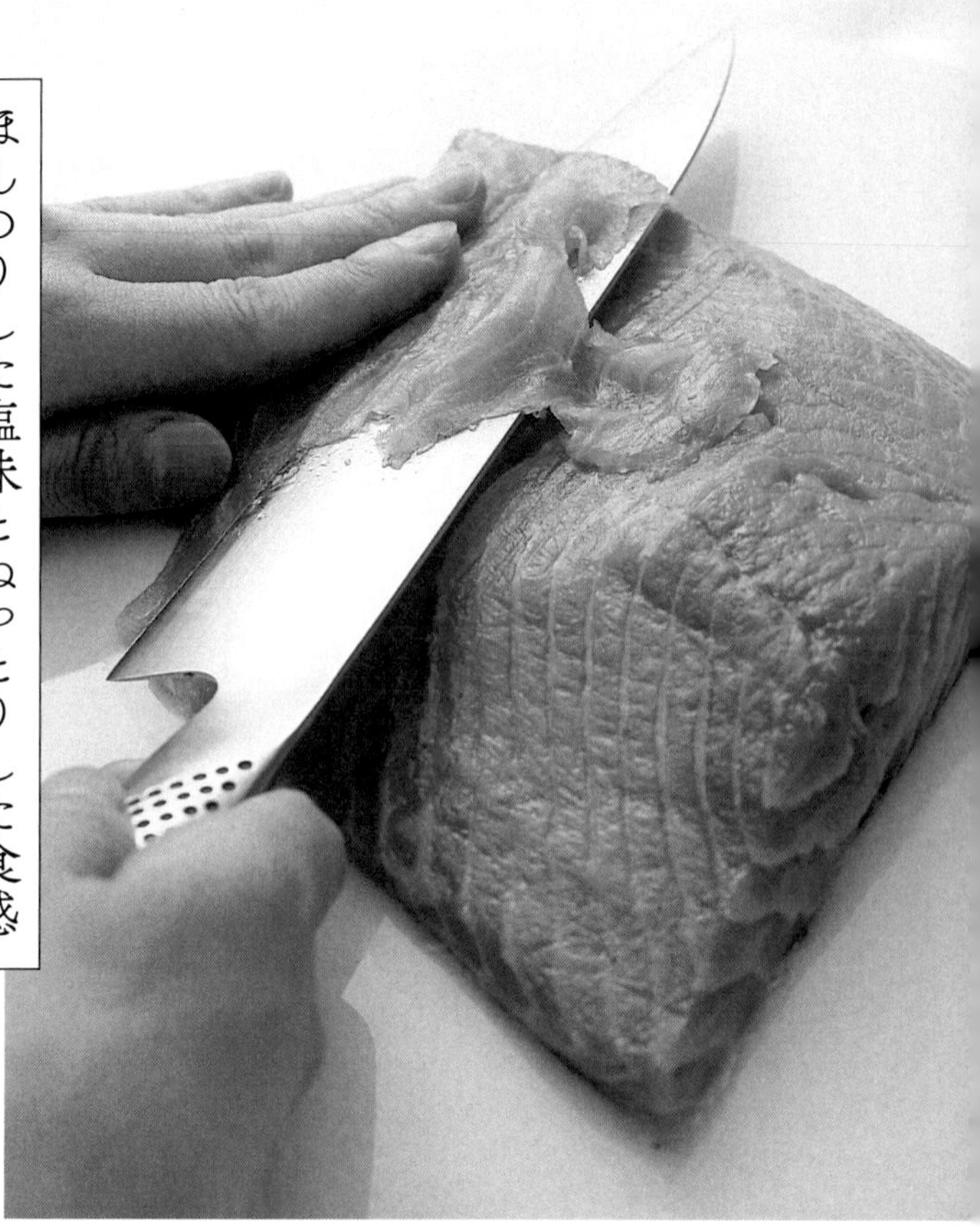

左手の指で押さえながら、包丁をすべらせるように薄いそぎ切りに。白い筋目が美しいオードブルに。

市販のスモークサーモンと違い、燻製をしないので、手軽に作って楽しめます。塩と砂糖をまぜて漬けるので、塩味がやさしく、塩分が気になる人にもおすすめです。鮭のきれいな模様が出るよう、筋目に対して垂直に、薄くそぐように切ります。身がやわらかくて切りにくい場合は、半冷凍すると切りやすくなります。

材料（作りやすい分量）

生鮭（かたまりまたは刺し身用のさく）…正味600g
あら塩…大さじ1
（鮭の重量の2.5％）
砂糖…大さじ½（塩の半量）
ディル（生）…1パック
オリーブ油…小さじ⅓

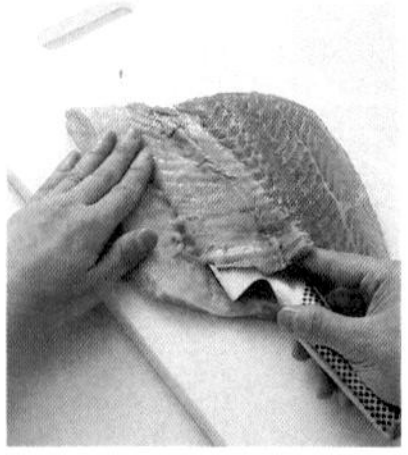

1
生鮭は中骨を包丁ですきとり、目立つ小骨を骨抜きで抜く。この作業がめんどうなら買うところに頼んでも。

2
ディルは茎も一緒に1cm長さに切る。砂糖と塩を合わせ、ディルを加えてよくまぜる。

3
鮭の皮目を下にしてバットに入れて**2**をすき間なくのせ、ラップをして冷蔵室で塩が完全になじむまで4〜5時間おく。洗って水けをよくふき、表面にオリーブ油を塗る。

いつ作る？	通年
食べ頃	1〜3日後
保存方法	ラップで包んで冷蔵室で
保存期間	4〜5日

サーモンマリネを使って

薄く切って好みの薬味野菜を添えて

サーモンマリネのオードブル

材料（2人分）

自家製サーモンマリネ
（スライス）…6〜8枚
小玉ねぎ、ディル…各適量

作り方

サーモンマリネを薄いそぎ切りにして器に並べ、小玉ねぎの薄切り、ディルを飾る。好みでオリーブ油をかけても。

POINT

すぐに食べないときは？

切り口にもオリーブ油を薄く塗り、ぴったりとラップをして冷蔵室へ。4〜5日以上なら、冷凍室で保存を。残ったものは、フライパンや魚焼きグリルでさっと火を通して食べても。

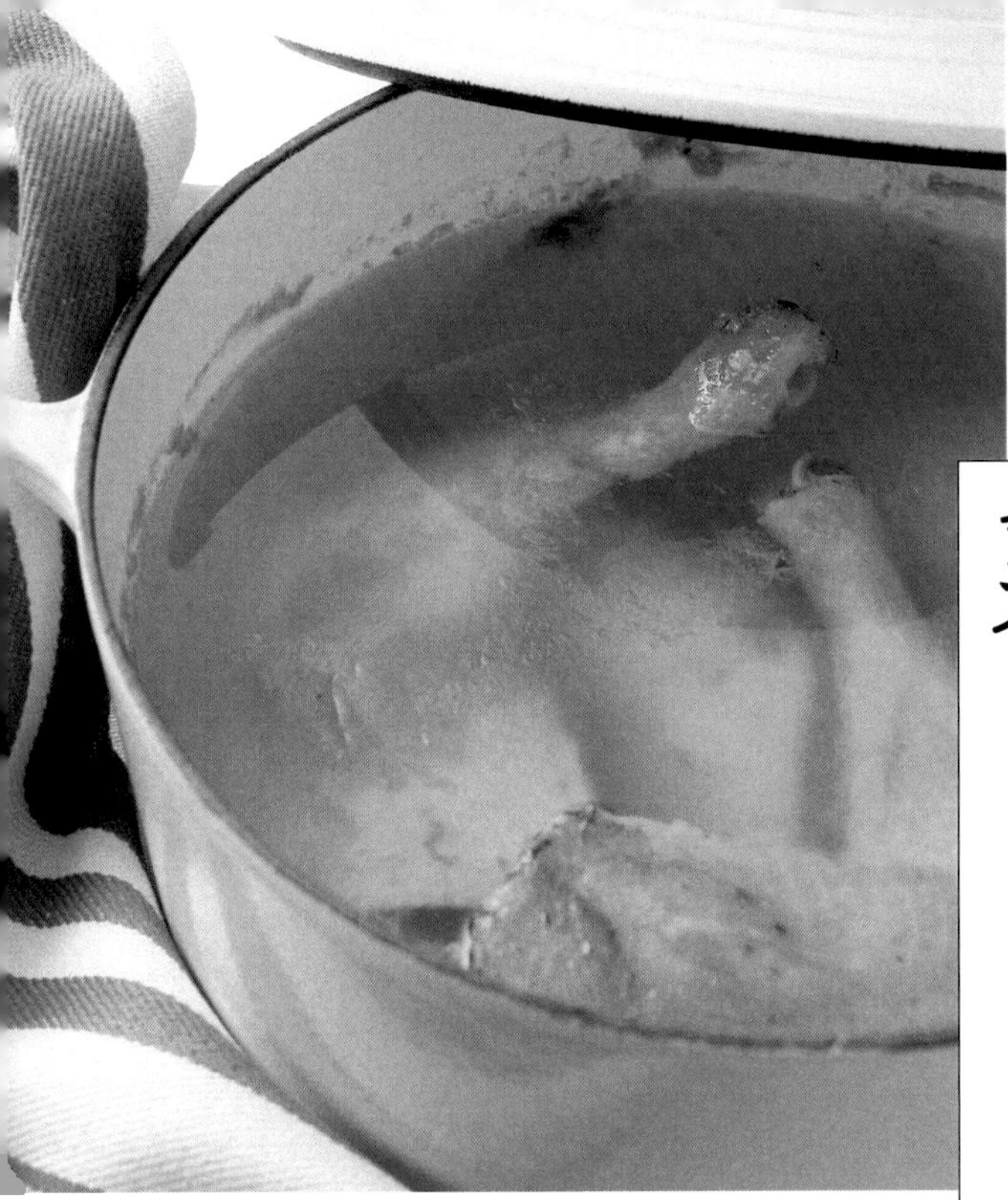

鶏のコンフィ

ビストロ風のおもてなし

コンフィはフランスの伝統的な保存調理法。肉の場合アヒルや鴨を鴨の脂で煮るのですが、手軽にできるよう鶏肉でアレンジし、サラダ油で作りました。油で煮るといっても油っぽさはなく、しっとり。皮目をカリッと焼いて食べたり、電子レンジやフライパンで軽くあたためてサラダにも。ナイフで切るとほろりとくずれるほどやわらかく、やみつきのおいしさです。

いつ作る?	通年
食べ頃	作った翌日
保存方法	冷蔵室で
保存期間	3週間

材料(作りやすい分量)

鶏骨つきもも肉…4本
塩…約大さじ1(鶏の重量500gに対して小さじ2強が目安)
こしょう…小さじ1/3
タイム(乾燥)小さじ1/2
ローリエ…3〜4枚
サラダ油…約2カップ

必要な道具

ふたごとオーブンに入れられる厚手の鍋(なければ深めの耐熱容器など)

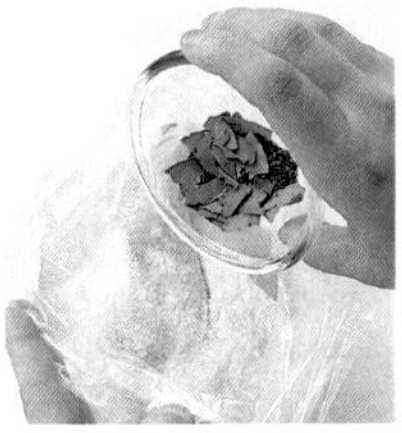

1 ポリ袋に鶏肉を入れ、塩、こしょうと、タイム、ローリエをちぎって加える。

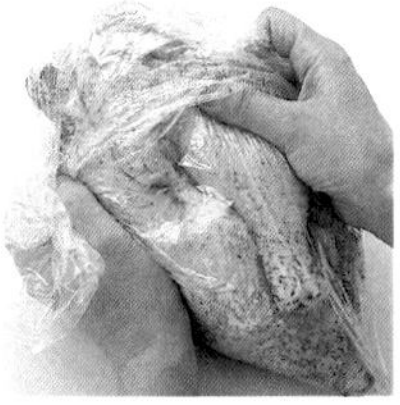

2 袋の口を閉じて袋ごとよくもみ、冷蔵室で一晩おく。

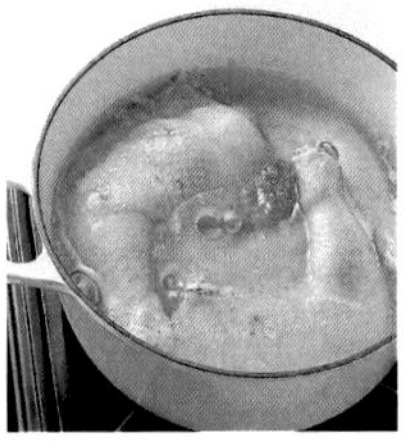

3 水で洗い、水けをよくふいて鍋に入れ、鶏肉がかぶるくらいまで油を注ぐ。火にかけ、油が沸騰したら火を止めてふたをし、110℃に予熱したオーブンに入れ、1時間30分〜2時間煮る。そのままおいて室温まで冷ます。冷めたら油ごと容器に移し、油に漬けた状態でラップをして冷蔵室で保存する。

＊オーブンに入る鍋がない場合は、火にかけて油を沸騰させるところまでは鍋で行い、深さのある耐熱容器や耐熱ボウルに移し(熱いので注意して)、アルミホイルをかぶせてオーブンに入れる。

鶏のコンフィを使って

表面を香ばしく焼いて香りよく

鶏のコンフィのメインディッシュ

材料(2人分)

鶏のコンフィ…2本
じゃがいも…2個
鶏肉を煮た油…大さじ4

作り方

1 鶏のコンフィは油から出して、魚焼きグリルかフライパンで皮に焼き色がつく程度に焼いてあたためる。
2 つけ合わせのじゃがいもは1.5㎝角に切り、煮た油を使ってきつね色になるまで炒める。器に1と盛り合わせ、好みでクレソンを添える。

好みの野菜でいろいろ試して

野菜の佃煮

野菜を佃煮にしておけば常備菜として重宝します。定番はしょうゆ味ですが、野菜の色合いを生かしたい場合は塩味で。一度煮てから火を止め、出てきた水けを飛ばしながら調理するのがコツです。

いつ作る?	通年
食べ頃	作った当日から
保存方法	保存容器に入れて冷蔵室で
保存期間	1週間

色を生かしたいときには塩味で

セロリの佃煮

材料(作りやすい分量)

セロリの葉と細い茎…正味200g
酒…大さじ2
塩…小さじ⅓強

1

セロリは塩少々（分量外）を加えた湯で5分ほどゆでてから、水にとる。ときどき水をかえながら半日ほどさらす。

2

水けをよくしぼり、こまかく刻んで鍋に入れる。酒と塩を加えて箸でまぜながら、水分を飛ばすようによくいる。

しめじの佃煮
いんげんの佃煮

しっかり味で、ごはんによく合います

材料(作りやすい分量)

しめじの佃煮

しめじ(正味)…400g

A | 酒…¼カップ
しょうゆ…大さじ5
みりん…大さじ1

かつお節…4g

いんげんの佃煮

さやいんげん…350g

B | 酒…¼カップ
しょうゆ…大さじ3
みりん…大さじ1

作り方

しめじの佃煮

しめじはほぐし、鍋に入れて**A**を加え、汁けがほとんどなくなるまでまぜながら煮る。火を止め、しばらくすると煮汁が出てくるので、もう一度火にかけてしっかりと煮詰める。かつお節を振り入れよくまぜる。

いんげんの佃煮

さやいんげんは筋をとり、長さを半分に切って**B**とともに鍋に入れ、しめじの佃煮と同様に作る。

しめじの佃煮を使って

ひと味違う炒め物に

しめじの佃煮と豚肉の炒め物

材料(2人分)

しめじの佃煮…60g
豆腐(木綿)…½丁
豚もも肉…50g
酒…小さじ2
塩…少々
サラダ油…大さじ1

作り方

1 豚肉は細切りにし、酒と塩をまぶして下味をつける。豆腐は水きりして、1cm角の棒状に切る。
2 フライパンにサラダ油の半量を熱し、豚肉をほぐすように炒めていったんとり出す。
3 同じフライパンに残りのサラダ油を熱して豆腐を入れ、両面をきつね色になるまで炒める。**2**を戻し入れ、しめじの佃煮も加えて炒め合わせる。

うまみが凝縮したおいしさ

あさりの佃煮

材料(作りやすい分量)

あさりのむき身…500g
しょうがのせん切り…35g
A しょうゆ…¼カップ
　みりん…大さじ2

1 あさりはざるに入れ、薄い塩水（分量外）でさっと洗って流水ですすぐ。鍋に**A**を入れて煮立て、あさりとしょうがのせん切りを加えて5分ほど煮る。

2 ボウルにあてたざるに入れてこし、汁と身とに分ける。汁だけを鍋に戻して火にかけ、半量くらいになるまでときどきまぜながら煮詰める。

3 あさりの身を戻し、汁けを飛ばすようにして煮詰める。火を止め、しばらくすると煮汁が出てくるので、もう一度火にかけてしっかりと煮詰める。

いつ作る?	通年(おすすめは春)
食べ頃	作った当日から
保存方法	保存容器に入れて冷蔵室で
保存期間	1週間

カルシウムや鉄など、不足しがちなミネラルが豊富なあさり。年中ありますが、おいしくて身も大きい、旬の春に作るのがおすすめです。あさりはむき身を使いましたが、殻つきのもので作る場合は、酒大さじ1とともになべに入れて火にかけ、口があいたら殻から身をはずします。汁ごと重さをはかって同じように作れますよ。

あさりの佃煮を使って

あさりの佃煮が調味料がわりに

あさりごはん

材料(2人分)

あさりの佃煮…60g
米…360mℓ（2合）

作り方

1 米は炊く30分前に洗って、ざるに上げておく。炊飯器に入れ、ふつうの水かげんにする。
2 あさりの佃煮を加え、ふつうに炊く。
3 底からまぜて器に盛り、青みを添える。

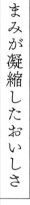

春の味覚といえば、やっぱり山菜

きゃらぶき

お店に並ぶふつうのふきでもおいしくできます。もし、細い山ぶきが手に入ったら最高！ 春の香りをこれ一品で十分楽しめますし、お茶漬けにはもってこいです。

材料（作りやすい分量）

ふき…1kg
しょうゆ…1カップ
酒…1カップ
砂糖…50g
みりん…大さじ2
赤唐辛子（小口切り）
…3本

1
ふきは皮をむかずに、ボウルにためた水の中でこすり洗いする。4cm長さに切り、太いものは縦半分に切る。

2
大きめの鍋にたっぷりの湯を沸かし、湯が濁るまで5〜10分煮て湯を捨てゆでこぼす。これを2〜3回繰り返し、ふきがやわらかくなるまで煮る。

3
たっぷりの水に1〜2時間さらす（山ぶきの場合はこの時間を長くすると余分なえぐみが抜ける）。

4
鍋に水けをきったふき、しょうゆ、酒、水1カップを入れて火にかけ、煮立ったらアルミホイルなどで落としぶたをし、汁けがほとんどなくなるまで煮て火を止める。冷めたら砂糖を加えて再び火にかけて炒め、水分が飛んだらみりん、赤唐辛子を加えてさっとまぜる。

いつ作る？	3〜5月
食べ頃	作った当日から
保存方法	保存容器に入れて冷蔵室で
保存期間	1週間

きゃらぶきを使って

調味料がわりにあえるだけ

きゃらぶきのじゃがいもあえ

材料（2人分）

きゃらぶき…50g
じゃがいも…2個

作り方

1. じゃがいもは4〜6等分に切って水にさらす。
2. 水けをきって鍋に入れ、たっぷりの水を加えてゆでる。やわらかくなったら、湯をきって鍋を揺すり、水けをとばして火を止める。
3. 器に盛ってこまかく刻んだきゃらぶきをのせ、あえながら食べる。

イクラのしょうゆ漬け

簡単で値段も手頃、いいことずくめ

市販の瓶詰めは高価なので、自家製派が増えています。すじこは出始めのほうが皮がやわらかくてほぐれやすく、価格も安価なので断然おすすめ。湯にひたしながら薄皮をほぐしていくと、粒が白く濁ってきますが、心配せずに。しょうゆに漬けると美しいオレンジ色に戻ります。仕上がったら2日以上冷凍することで、より安全に食べられます。

いつ作る？	9〜11月（出始めがおすすめ）
食べ頃	作った翌日から
保存方法	保存容器に入れて冷蔵室で
保存期間	冷蔵で1週間、冷凍で1カ月

材料（作りやすい分量）

生すじこ…½腹（約400g）
酒…大さじ4（すじこの15％）
しょうゆ…大さじ3（すじこの11％）
塩…少々

必要な道具

・保存容器　・あれば
餅焼き網や泡立て器

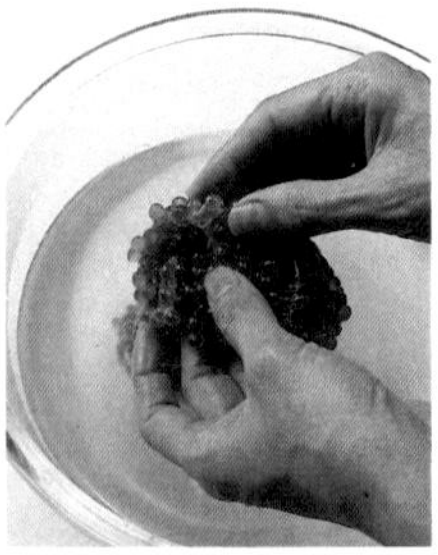

1

大きめのボウルに約45℃（熱めの風呂かげん）の湯を用意して塩を加え、すじこを入れる。湯の中で手で薄皮を除きながらやさしくほぐす（手でうまくいかない場合は、餅焼き網や泡立て器などを使って薄皮を除いても）。

2

全体的に身がほぐれたら湯を捨て、何回か薄い塩水をかえながらすすぐ。水がほぼ濁らなくなり、大きな薄皮のかたまりがとれれば大丈夫。

3

ざるに上げて水けをきり、保存容器に入れ、酒としょうゆを加える。一晩おいたくらいから食べられる。冷蔵室で1週間以内に食べきる。または、小分けにしてから2日以上冷凍すれば、より安全、安心です。

イクラのしょうゆ漬けを使って

何はなくとも、白いごはんと

イクラごはん

材料（2人分）

イクラのしょうゆ漬け…好みの量
切りのり…適量
ごはん…茶碗2杯分

作り方

炊きたての温かいごはんを茶碗に盛り、切りのりを敷き、イクラのしょうゆ漬けをのせる。

鮮度のよいいかが手に入ったら

いかの塩辛

新鮮ないかを使うことがポイントなので、白いものでなく、皮にピンとはりのある茶褐色のものを選んで。わたはガーゼで包んでこすと簡単で、あと片づけも楽。塩がなじんだら食べ頃で、酒の香にうってつけ。食べるときにゆずのせん切りなどを添えても。小分けにして冷凍しながら漬ければ、2日で仕上がります。

いつ作る?	通年(おすすめは10〜1月)
食べ頃	5日後
保存方法	保存容器に入れて冷蔵室で
保存期間	冷蔵で10日〜2週間、冷凍で1カ月

材料(作りやすい分量)

するめいか(わたがついているもの)…2はい(正味500g)
あら塩…25g(いかとわたの重量の約3%)

必要な道具

保存容器

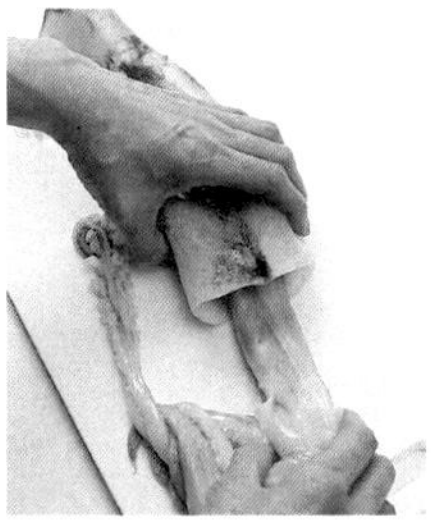

1
いかは胴から足をはずし、わたはとっておく。

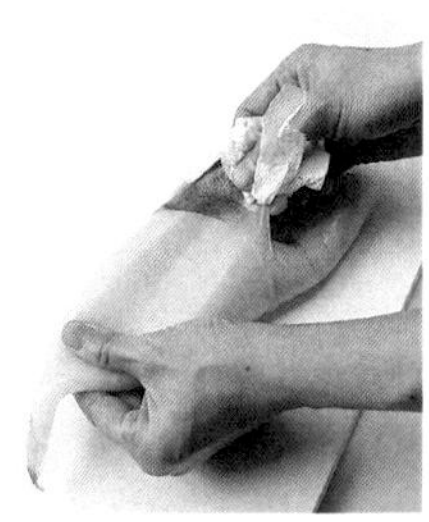

2
胴は皮をむき、3〜4cm長さの細切りする。

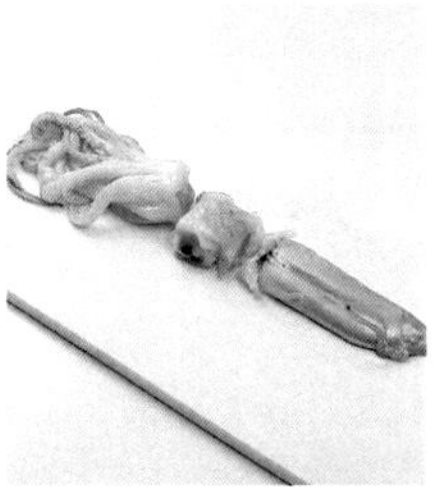

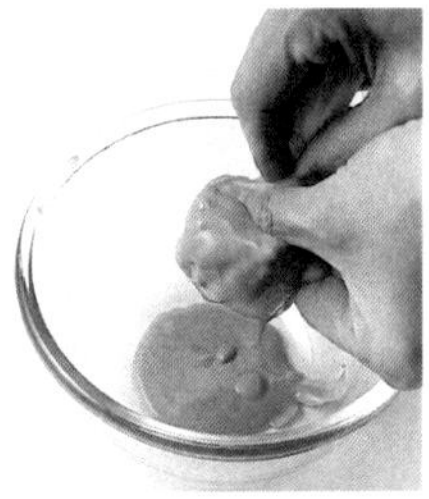

3
わたは頭から切り離し、縦に切り目を入れてガーゼで包み、ぎゅっとしぼってボウルにこし入れる。足の部分も入れたいときは、吸盤をきれいに包丁ではずし、食べやすく切って加える。

4
保存容器に**2**のいかを入れ、**3**を加えてまぜ、さらに塩も加えてよくまぜる。1日1回清潔な箸でまぜながら、冷蔵室で5〜6日塩をなじませる。または、まぜたあとに小分けにして2日ほど冷凍すれば、より安全、安心。

わたがついていない場合も、この方法で。こちらもいかは新鮮なものを使って。

塩と酒だけで作る塩辛です

いかの白作り

材料(2人分)

いかの胴…1ぱい分(正味250g)
あら塩…小さじ1½(いかの重量の3%)
酒…¼カップ

作り方

1 いかは皮をむいて3〜4cm長さの細切りにする。
2 保存瓶に、いか、塩、酒を入れ、1日1回清潔な箸でまぜ、冷蔵室で塩をなじませる。2〜3日後から食べ頃に。

手作りなら塩かげんもわが家流で

魚の干物

干物は直射日光に当てるのではなく、風通しのよい日陰に干すのがポイントです。ベランダ干しでおいしく作れるうえ、冷凍にも向くので、まとめ作りがおすすめです。

めざし

頭から食べて、カルシウムたっぷり

材料（作りやすい分量）

ひしこいわし
…500g
塩…大さじ1

1

いわしは洗い、水けをきる。ボウルに水1.5カップと塩を入れて塩水を作り、いわしを入れて冷蔵室で一晩おく。またはポリ袋にいわしといわしの重量の0.9％の塩（500gの場合で小さじ1）を入れてなじませ、冷蔵室で一晩おいてもよい。

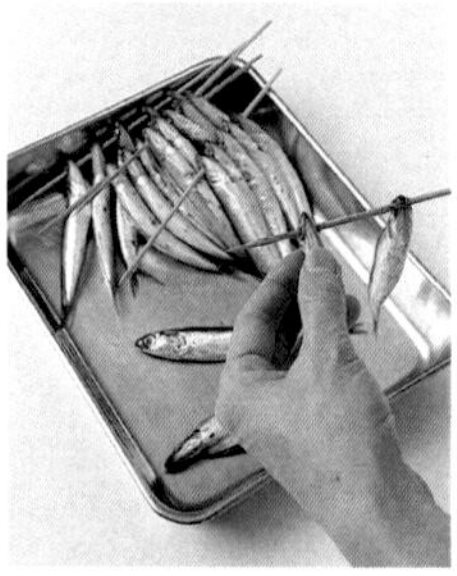

2

水けをふき、目に竹串を通して何尾か一緒に刺し、両端をピンチなどではさんで、風通しのよい日陰に、日中3日ほど干す。

＊めざしを焼くのはオーブントースターがおすすめ。サラダ油を薄くぬったアルミホイルの上に並べれば、くっついたり、グリルの隙間に落ちたりせずに、上手に焼けます。

いつ作る？	9〜5月（梅雨と真夏は避けたほうがよい）
食べ頃	干し上がったら
保存方法	小分けにしてラップで包み、冷蔵室か冷凍室で
保存期間	冷蔵で1週間、冷凍で1カ月

かますの干物

塩をなじませ、ざるに並べて干すだけ

材料(作りやすい分量)

かます…3尾
塩(かますの
重量の0.9%)
…約小さじ1

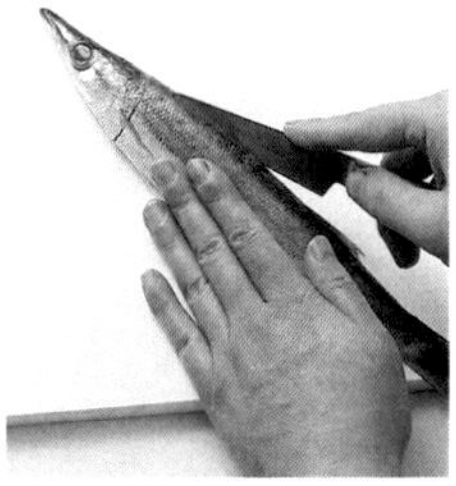

1
かますは背開きにして内臓をとる。背の頭のほうから中骨に沿って包丁で切り開き、内臓を引っぱり出し、キッチンばさみで切りとる。えらも切りとる。

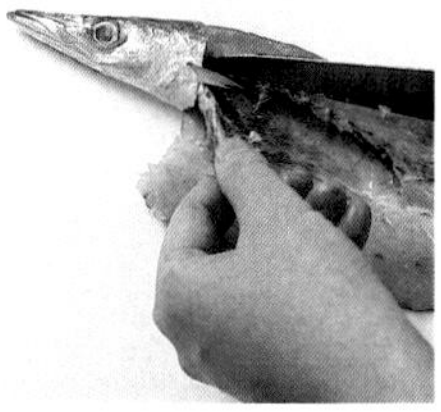

2
きれいに洗って水けをふき、全体に塩を振る。ポリ袋に入れて軽くもみ、塩をなじませ、冷蔵室で一晩おく。平らなざるに並べ、風通しのよい日陰に、日中2日ほど干す。

かますの干物を使って

干物の塩けで野菜がおいしく!

かますときゅうりのあえ物

材料(2人分)

かますの干物…1尾
きゅうり…1本
みょうが(薄切り)…2個
しょうゆ…少々

作り方

1 かますは焼いて骨を除き、大きめにほぐす。
2 きゅうりは薄切りにし、塩水(水½カップに塩小さじ½の割合)にひたし、しんなりするまでおく。水けをしぼる。
3 ボウルに1、2、みょうがを入れてあえ、味をみてしょうゆを振る。

漬けどき、作りどきがわかる

季節の保存食カレンダー

旬の食材のおいしさを楽しむ漬け物や保存食は、漬け込む時期、作る季節をはずさずに楽しみたいものです。ここでは、材料となる野菜・果物・魚介などの旬をもとに表にしてみましたので、参考にしてください。一年じゅう楽しめるものの中でも、おすすめの時期があるものは、そのように表記してあります。

漬け物 [p.7〜54]

月：1　2　3　4　5　6　7　8　9　10　11　12

一年じゅうOK（1月〜12月）

- エシャレットの甘酢漬け
- ぬか漬け▼ぬか床を仕込みやすいのは4月から6月
- 白菜の切り漬け
- 白菜の洋風切り漬け
- しば漬け▼おすすめは初夏
- 大根のさくら漬け
- 福神漬け
- きゅうりのパリパリ漬け▼おすすめは夏
- べったら漬け▼おすすめは11月から2月
- 野菜の即席漬け
- 野菜の甘酢漬け▼おすすめは新しょうが6月〜9月、みょうが夏〜秋
- いろいろピクルス▼きゅうりのピクルスのおすすめは夏

1月〜2月

- かぶら寿司▼11月から1月
- 白菜漬け▼11月から2月（白菜の旬の時期）特におすすめは11月から12月
- 白菜キムチ▼11月から2月（白菜の旬の時期）特におすすめは11月から12月

5月〜7月

- 梅干し▼6月から7月
- はちみつ梅▼6月から7月
- カリカリ小梅漬け▼5月中旬から下旬
- 梅酒▼5月から6月
- 梅シロップ▼5月から6月
- らっきょう漬け▼5月から6月
- はちみつらっきょう▼5月から6月
- みそ漬けらっきょう▼5月から6月
- 梅じょうゆらっきょう▼5月から6月
- 紅しょうが▼6月下旬

11月〜12月

- たくあん▼11月
- 松前漬け▼11月から12月

- かぶら寿司▼11月から1月
- 白菜漬け▼11月から2月（白菜の旬の時期）特におすすめは11月から12月
- 白菜キムチ▼11月から2月（白菜の旬の時期）特におすすめは11月から12月

月
1
2
3
4
5
6
7
8
9
10
11
12

調味料・保存食 [p.85〜123]

一年じゅうOK
- アンチョビー
- サーモンマリネ
- 鶏のコンフィ
- パンチェッタ

- 黄ゆずこしょう▼11月から1月（黄ゆずの時期）
- 魚の干物▼9月から5月（梅雨と真夏は避けたほうがよい）
- みそ▼1月下旬から2月
- スモーク料理
- フルーツ＆ハーブビネガー
- XO醤
- 甜麺醤
- 佃煮▼あさりのおすすめは春
- きゃらぶき▼3月から5月
- トマトケチャップ▼おすすめは夏
- トマトソース▼おすすめは夏
- バジルペースト▼おすすめは夏
- いかの塩辛▼おすすめは10月から1月
- ゆで実山椒▼6月から7月
- 黄ゆずこしょう▼7月から8月（青唐辛子の時期）
- イクラのしょうゆ漬け▼9月から11月（出始めがおすすめ）
- 魚の干物▼9月から5月（梅雨と真夏は避けたほうがよい）
- 黄ゆずこしょう▼11月から1月（黄ゆずの時期）

ジャム・シロップ・果実酒 [p.55〜83]

一年じゅうOK
- コーヒー酒
- 干しぶどう酒
- グレープフルーツ酒
- 洋風薬用酒
- 中華風薬用酒

- ゆずのはちみつ漬け▼11月から1月（黄ゆずの時期）
- オレンジマーマレード▼2月から4月
- しょうがシロップ
- ミントシロップ▼おすすめは6月から8月
- いちごジャム▼3月から4月
- いちごシロップ▼3月から4月
- チェリージャム▼5月から7月
- ブルーベリージャム▼5月から6月
- 梅ジャム▼6月
- あんずジャム▼6月中旬から7月中旬
- あんず酒▼6月中旬から7月中旬
- 栗の渋皮煮▼9月から10月
- かりんの砂糖漬け▼10月から11月
- ざくろ酒▼9月から11月
- ゆずのはちみつ漬け▼11月から1月（黄ゆずの時期）

材料別さくいん

梅干し、漬け物を含む、保存食を作る際に
ご参考いただける材料別さくいんです。

※本書に掲載の保存食を作るときに必要な食材や調味料・
並べています。保存食を使った料理は含みません。

脇 雅世 Masayo Waki

料理家。東京生まれ。1977年に渡仏し、ル・コルドン・ブルーやマキシム・ド・パリなどで学ぶ。1981年より10年間、24時間耐久レース「ル・マン」にマツダ・レーシングチームの料理長として参加。1984年に帰国、服部栄養専門学校国際部ディレクターに。1991年より「脇雅世料理教室」を主宰。2014年、フランス農事功労章を受勲。現在は書籍、雑誌やテレビ、キッチングッズのプロデュースなど、幅広い分野で活躍。フレンチ、製菓、和食全般を得意とし、本書はそのエッセンスを存分に生かし、実際に作っている保存食を数年かけて撮影したもの。3人の娘の母でもある。

staff

撮影／梅沢仁、佐山裕子（主婦の友社）
　　　松久幸太郎
料理助手／吉野信子
スタイリング／五来利恵子
構成・編集／杉岾伸香

新版

デザイン／蓮尾真沙子（tri）
編集アシスタント／安念知咲
編集担当／澤藤さやか（主婦の友社）
協力／Trois Soeurs Inc.

◎本書は弊社刊行の『梅干し・漬け物・保存食』（2004年）に新規取材を加え、再編集したものです。

新装版《しんそうばん》

梅《うめ》干《ぼ》し 漬《つ》け物《もの》 保《ほ》存《ぞん》食《しょく》

2020年4月20日　第1刷発行
2022年5月10日　第2刷発行

著　者　脇《わき》 雅《まさ》世《よ》
発行者　平野健一
発行所　株式会社 主婦の友社
　　　　〒141-0021 東京都品川区上大崎3-1-1
　　　　目黒セントラルスクエア
　　　　電話 03-5280-7537（編集）
　　　　　　 03-5280-7551（販売）
印刷所　大日本印刷株式会社

ISBN978-4-07-441595-3

■本書の内容に関するお問い合わせ、また、印刷・製本など製造上の不良がございましたら、主婦の友社（電話03-5280-7537）にご連絡ください。
■主婦の友社が発行する書籍・ムックのご注文は、お近くの書店か主婦の友社コールセンター（電話0120-916-892）まで。
＊お問い合わせ受付時間　月〜金（祝日を除く）9：30〜17：30
主婦の友社ホームページ　https://shufunotomo.co.jp/